So sind sie, die

Italiener

Martin Solly

W0178568

Die Fremdenversteher

Impressum

Martin Solly
So sind sie, die Italiener

erschienen im
REISE KNOW-HOW Verlag Peter Rump GmbH
Osnabrücker Str. 79, 33649 Bielefeld

© der deutschsprachigen Ausgabe REISE KNOW-HOW Verlag Peter Rump GmbH 2017
1. Auflage 2017

Alle Rechte vorbehalten.

Titel der englischen Originalausgabe:
Xenophobe's® guide to The Italians
© Xenophobe's® Guides Ltd.

Deutsch von Karsten Singelmann

Gestaltung
Umschlag: Franziska Feldmann (Layout), der Verlag (Realisierung)
Inhalt: Günter Pawlak, FaktorZwo (Layout), der Verlag (Realisierung)
Zeichnungen: Gunda Urban und Franziska Feldmann

Lektorat: amundo media
Redaktion: Thorsten Altheide

Druck und Bindung:
Media-Print, Paderborn

Printed in Germany

ISBN 978-3-8317-2876-3
ISBN epub 978-3-8317-4853-2
ISBN mobi 978-3-8317-4854-9

Dieses Buch ist erhältlich in jeder Buchhandlung Deutschlands, der Schweiz und Österreichs:
Bitte informieren Sie Ihren Buchhändler über folgende Bezugsadressen:
Deutschland
Prolit GmbH, Postfach 9, D-35461 Fernwald (Annerod) sowie alle Barsortimente
Schweiz
AVA Verlagsauslieferung AG, Centralweg 16, CH-8910 Affoltern am Albis
Österreich
Mohr Morawa Buchvertrieb GmbH, Sulzengasse 2, A-1230 Wien

Wer im Buchhandel trotzdem kein Glück hat, bekommt unsere Bücher auch über:
www.reise-know-how.de

Inhalt

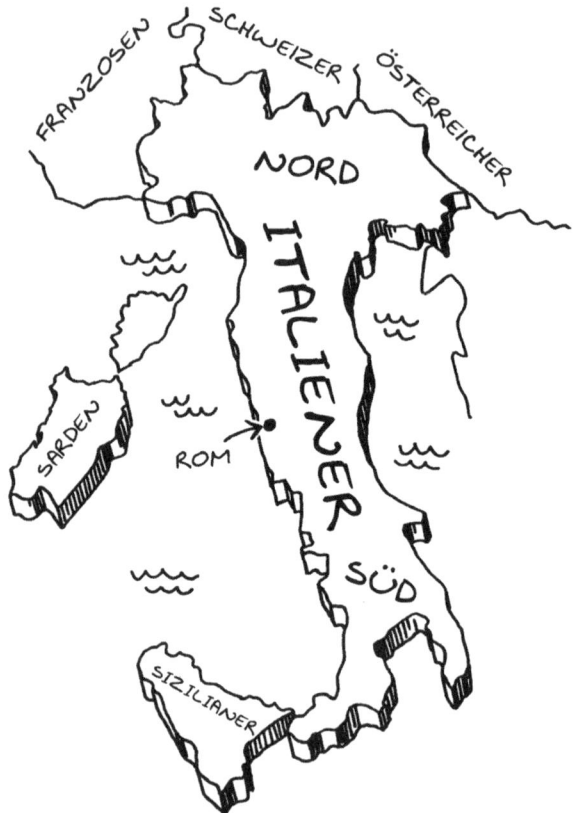

Italien hat 61 Millionen Einwohner – zum Vergleich: Es gibt 8 Millionen Schweizer, 8 Millionen Österreicher, 10 Millionen Griechen, 54 Millionen Engländer, 65 Millionen Franzosen, 81 Millionen Deutsche und 321 Millionen Amerikaner.

Italien ist siebenmal so groß wie Dänemark und dreimal so groß wie Österreich, würde aber fast zweimal in Frankreich hineinpassen.

Nationalismus & Identität

Nationen innerhalb einer Nation

Die Italiener sind keine Rasse oder Ethnie, sondern eine Ansammlung von Volksgruppen. Sie tendieren dazu, sich selbst und einander zuallererst als Römer, Mailänder, Sizilianer oder Florentiner zu betrachten und erst danach als Italiener. Es gibt im Grunde wenig, was Turin und Bari oder Neapel und Triest verbindet, abgesehen von der *autostrada,* den Hochgeschwindigkeitszügen und der katholischen Kirche.

Die einzelnen Regionen Italiens unterscheiden sich stark voneinander, und der tief verwurzelte Regionalismus ist kaum verwunderlich, wenn man bedenkt, dass Italien als Nation erst seit 1861 existiert. Vorher bestand die italienische Halbinsel aus mehreren unabhängigen Staaten. Der Einigungsprozess erforderte einen Akt überaus geschickten geopolitischen Flickwerks und die führenden Politiker der Zeit

>> **Von Zeit zu Zeit versuchen die Italiener, sich wie eine Nation zu benehmen und unternehmen große Anstrengungen nationalistisch zu sein.**

waren sich der Schwierigkeiten, die ihnen entgegenstanden, wohl bewusst. Zu ihnen gehörte Massimo D'Azeglio, der feststellte: „Italien ist endlich erschaffen; nun lasst uns die Italiener erschaffen." Wenn er heute noch leben würde, würde er immer noch daran arbeiten.

Von Zeit zu Zeit versuchen die Italiener aber doch, sich wie eine Nation zu benehmen und unternehmen große Anstrengungen nationalistisch zu sein, beispielsweise wenn die ita-

lienische Nationalmannschaft bei der Fußballweltmeister-
schaft gut abschneidet oder wenn Ferrari zum zweiten Mal
hintereinander die Formel-1-Weltmeisterschaft gewinnt. Vor
allem aber fühlen die Italiener sich als Italiener, wenn es sie
ins Ausland verschlägt: in eine Eisdiele in Melbourne, in die
Tiefen eines belgischen Bergwerkschachts oder zu einem
Fußballspiel in den Vereinigten Staaten.

In der Realität spielt das aber kaum eine Rolle, denn alle
Italiener wissen, dass sie selbstverständlich alles „besser" machen. Vielleicht kehren sie den unerschütterlichen Glauben
an sich und ihre Nation nicht bei jeder Gelegenheit hervor,
aber wenn sie es tun, dann mitunter höchst eindrucksvoll: Im

>> **Die Italiener fühlen sich vor allem dann als Italiener, wenn es sie ins Ausland verschlägt.**

Jahr 2011 beging das Land seinen 150. Geburtstag mit einer
würdevollen, aber dennoch
fröhlichen Feier nationaler Iden-
tität. In den Städten und Dörfern des ganzen Landes flatter-
ten die grün-weiß-roten Fahnen von praktisch jedem Balkon,
womit man nicht nur auf überschäumende Weise seinen Stolz
bekundete, Italiener zu sein, sondern auch demonstrierte, wie
weit die Zeiten zurückliegen, in denen ein Metternich, ein
österreichischer Staatsmann des 19. Jahrhunderts, behaupten
konnte, Italien sei sowieso „nicht mehr als ein geografischer
Begriff".

Die Nationalhymne freilich ist eine Sache für sich. Als während der Übertragung eines Fußball-Länderspiels die Kamera
per Nahaufnahme enthüllte, dass kein Spieler der italienischen Nationalmannschaft (das Juwel in der Krone der Na-

tion) die Hymne mitsang, musste man zur Kenntnis nehmen, dass deren Text nicht nur unter den Fußballern, sondern auch in der übrigen Bevölkerung so gut wie unbekannt war. Die Medien bekämpfen diesen Missstand, indem sie die Hymne nun etwas häufiger spielen, und soweit es sich einrichten lässt sogar mit Untertiteln.

Da es ihnen an allzu offenkundigen nationalistischen Gefühlen mangelt, sind die Italiener vorsichtig, was Kriegstreiberei und Hurrapatriotismus angeht. Die Erfahrung lehrt sie, dass die meisten Konflikte mit einer Mischung aus Kompromiss, Beschwichtigung und Bestechung beigelegt werden können, und so tun sie ihr Möglichstes, um eine Konfrontation zu vermeiden. Tatsächlich sollte jede ausländische Macht, bevor sie zwecks Eroberung in Italien

>> **Die Erfahrung lehrt sie, dass die meisten Konflikte mit einer Mischung aus Kompromiss, Beschwichtigung und Bestechung beigelegt werden können.**

einmarschiert, erwägen, ein vernünftiges Angebot abzugeben, anstatt das Leben von Soldaten zu verschwenden. Falls der Preis stimmt, ist es durchaus denkbar, dass die Italiener bereit wären, ihr Land zu verkaufen.

Campanilismo

Identität ist den Italienern wichtig und sie legen besonderen Wert auf ihre Wurzeln. „Woher kommen Sie?", ist für sie eine wichtige Frage, die eine gute Antwort verlangt. Anders als einen Engländer oder Amerikaner kann man einen Italiener mit dieser Frage nicht in Verlegenheit bringen. Undenkbar, dass er zu stammeln anfängt: „Ich bin mir nicht sicher, mal überlegen: Geboren bin ich in Hertfordshire, aber meine Eltern sind später nach Leeds gezogen, studiert habe ich dann in Bristol, und meinen ersten Job hatte ich in York …“

Italiener wissen ganz genau, wo sie herkommen, und diese Herkunft tragen sie wie eine Standarte für immer mit sich herum. Der Mann aus San Giorgio in Apulien, der mittlerweile in Turin lebt, wird seine Verbindungen nach San Giorgio niemals abreißen lassen. Selbst wenn er den Ort bereits vor dreißig Jahren verlassen hat und nur einmal im Jahr zurückkehrt, um seine Vettern zweiten Grades zu besuchen, ist es seine Pflicht, jedem zu helfen, der auch aus San Giorgio stammt. Ebenso wird von Wirtschaftsmagnaten und Politikern erwartet, dass sie etwas für ihren Heimatort tun, dass sie Geld investieren und ihren ehemaligen Mitbürgern Arbeit besorgen.

> **Von jeher lieben die Italiener ihren Heimatort und sie leiden sehr, wenn es sie in die Fremde verschlägt.**

Das Bekenntnis zur Herkunft ist eng verbunden mit dem italienischen Schlüsselbegriff des *campanilismo,* was wörtlich so viel heißt wie „Treue zum heimatlichen Kirchturm“. Er verleiht der Überzeugung Ausdruck, dass das eigene Dorf bzw. die eigene Stadt das bzw. die beste der Welt ist. Von jeher lieben die Italiener ihren Heimatort und sie leiden sehr, wenn es sie in die Fremde verschlägt.

Ein solcher Bürgerstolz bedeutet auch Konkurrenzdenken und dieses ist zwischen benachbarten Dörfern, Städten, Provinzen und Regionen besonders stark. Die Rivalität wird oft so verbissen geführt, dass die Beteiligten sich kaum noch mit anderen Dingen befassen können, denn schließlich wissen sie nur zu gut, dass man andere Menschen, und vor allem die Italiener aus anderen Familien, Dörfern, Städten oder Regionen, allzeit im Auge behalten muss. Ihnen fehlt es nämlich leider an Selbstdisziplin und man kann ihnen nicht trauen. Wie wundervoll könnte Italien ohne *gli altri* sein – „die anderen" Italiener.

Wie andere sie sehen

Ein typisches Klischee besagt, die Italiener seien ein lautes, leidenschaftliches, intrigantes Mittelmeervolk, dessen Genialität und Erfindungsreichtum unglücklicherweise von Faulheit und Unzuverlässigkeit überschattet wird.

Es muss an einem unbewussten Masochismus liegen, dass die Italiener es aufrichtig genießen, wenn man ihre Fehler hervorhebt. Sie sehen sich dann in ihrem tief verwurzelten Gefühl bestätigt, dass *gli altri italiani* einfach nicht so verlässlich

>> **Keine Kritik wird je so ernst genommen, dass man sich veranlasst sähe, Gegenmaßnahmen zu ergreifen.**

sind, wie man das in der westlichen Welt erwarten würde. Allerdings wird keine Kritik je so ernst genommen, dass man sich etwa veranlasst sähe, Gegenmaßnahmen zu ergreifen.

Immerhin, die ausländischen Besucher scheinen die Einheimischen umgänglich und unterhaltsam zu finden, also kann ja wohl nicht alles schlecht sein.

Alle Welt ist sich darin einig, dass die Italiener in einem wunderschönen Land voller Kunstschätze leben. Man hält sie für ein glückliches, lebenslustiges Volk mit einer besonderen Ader für Design, Essen und Mode. Man weiß, dass sie beim Singen und Kochen Großes und beim Organisieren Fürchterliches leisten. Von italienischen Männern wird erwartet, dass sie dunkle, gutaussehende und großartige Liebhaber sind, von italienischen Frauen, dass sie sinnlich und attraktiv, großartige Köchinnen und hingebungsvolle Mamas sind.

Viele Italo-Amerikaner pflegen die Vorstellung, das Land habe sich kaum verändert, seit ihre Urgroßeltern es um die Wende zum zwanzigsten Jahrhundert verließen. Wenn sie dann schließlich nach Italien kommen, um ihre Wurzeln zu finden und die Vettern und Kusinen zu besuchen, stellen sie mit Verwunderung fest, dass

» Von italienischen Männern wird erwartet, dass sie dunkle, gutaussehende und großartige Liebhaber sind.

nicht alle Familien arm sind, zehn Kinder haben und in einem einzigen Zimmer leben, das sie sich mit einem Esel und einer Promenadenmischung teilen; dass nicht alle Frauen schwarz angezogen sind und auf dem Feld arbeiten und nicht alle Männer Hüte tragen und den ganzen Tag in Bars sitzen. Sie machen die Entdeckung, dass Italien in Wirklichkeit eines der fortschrittlichsten Länder der Welt ist, wo die meisten Familien mindestens zwei Autos besitzen und in Häusern wohnen, die nicht nur fließend Wasser und Strom vorweisen können, sondern auch Fernseher mit Plasmabildschirm, Breitband-Internetzugang, die jeweils neuesten Smartphones und Bidets mit Mischbatterie und verstellbaren Düsen.

Wie sie sich selbst sehen

Die Italiener halten sich für leidenschaftlich, intelligent, humorvoll und charmant, und zum Wohle der Ausländer führen sie sich auch gern so auf.

Sie wissen, dass sie das Privileg genießen, im schönsten Land der Welt zu leben. Mal abgesehen davon, dass viele die Leitung der Staatsgeschäfte am liebsten an Brüssel delegieren würden, könnte es zugehen wie im Paradies ... wenn nur dieses nagende Misstrauen gegenüber den eigenen Landsleuten nicht wäre.

>> **Italiener wissen, dass sie das Privileg genießen, im schönsten Land der Welt zu leben.**

Besondere Beziehungen

Aufgrund der massenhaften Auswanderung am Ende des 19. und zu Beginn des 20. Jahrhunderts gibt es große italienische Gemeinden in den Vereinigten Staaten, Argentinien, Brasilien, Uruguay und Australien. Etwa 20 Millionen Amerikaner tragen einen italienischen Nachnamen. Doch die Italo-Amerikaner, Italo-Argentinier etc. werden im Heimatland in der Regel nur dann als „Italiener" betrachtet (anstatt als Amerikaner, Argentinier etc.), wenn sie reich und erfolgreich sind. So sind Rudolph Giuliani, Frank Sinatra, Robert De Niro, Francis Ford Coppola und Sylvester Stallone selbstverständlich Italiener und keine Amerikaner. Einige berühmte Italienischstämmige, die ihren Namen änderten, um mehr Erfolg in der Neuen Welt zu haben wie etwa die Schauspielerin Anne Bancroft, 1931 als Anna Maria Italiano in New York geboren, oder der Kriminalautor Ed McBain, 1926 als Salvatore Lombino ebenfalls in New York geboren, sind immerhin nach ihrem Tod wieder in den Kreis der Italiener aufgenommen worden.

Mit solcher Begeisterung vereinnahmt zu werden, kann allerdings auch Nachteile mit sich bringen – so wurden vor neapolitanischen Gerichten noch Jahre, nachdem er längst nach Argentinien zurückgekehrt war, Vaterschaftsklagen gegen den Italo-Argentinier Diego Maradona eingereicht.

Wie sie Ausländer sehen

Die Italiener lieben Ausländer, vor allem reiche Ausländer. Österreicher, Schweizer und insbesondere Deutsche erfreuen

>> **Österreicher, Schweizer und insbesondere Deutsche erfreuen sich von jeher an Italiens Klima, der Kultur, den Stränden und dem Lebensstil.**

sich von jeher an Italiens Klima, der Kultur, den Stränden und dem Lebensstil. Italien ist ihre Spielwiese. Schon zu Zeiten des Römischen Reiches kamen Goten über die Alpen, um Dampf abzulassen. Die Italiener haben das jahrhundertelang toleriert und werden dies mit Freuden auch weiter so tun, solange die sechs Millionen, die heute Jahr für Jahr ins Land strömen, nur jede Menge Geld ausgeben und hinterher wieder nach Hause fahren.

Die Franzosen gelten als arrogant und übermäßig stolz auf sich selbst. Sie scheinen auf ihre transalpinen Nachbarn herabzublicken, was den Italienern ein gewaltiges Ärgernis ist. Ganz und gar unverzeihlich ist jedoch, dass die Franzosen den Weltmarkt mit ihrem minderwertigen Wein erobert haben, den kein zurechnungsfähiger Italiener jemals kaufen würde.

Die Beziehung zwischen Engländern und Italienern ist vielschichtiger, man könnte vielleicht von einer Anziehung der Gegensätze sprechen. Die Engländer schätzen die brachialen Gerüche, Geräusche und Farben, die Leidenschaft und das Chaos Italiens, während die Italiener fasziniert sind von der englischen Ordnung und Gemütlichkeit, aber zugleich

》 Die Italiener sind davon überzeugt, dass im Ausland alles besser funktioniert.

Mitleid mit ihnen haben wegen des ständigen Regenwetters, wegen des langweiligen Essens und wegen des allgemeinen Mangels an Stil.

Die Italiener sind davon überzeugt, dass im Ausland alles besser funktioniert. Gleichzeitig sind sie aber auch davon überzeugt, dass die Ausländer letzten Endes schlechter dran sind als sie selbst, weil sie eben nicht im sonnigen Italien leben, weil sie sich schlecht kleiden und schlecht essen und trinken, alles vielleicht Erklärungen dafür, warum Ausländer schon immer ein Auge auf Italien geworfen haben.

Als neugieriges, aufgeschlossenes Volk sind die Italiener fasziniert von den Ausländern und ihrer barbarischen Lebensweise. Mit großer Begeisterung lesen und hören sie von anderen Ländern und besuchen sie in den Ferien, nur um dort bestätigt zu finden, was sie eh schon gewusst haben, nämlich, dass sie selbst aus dem besten Land der Welt kommen, gemessen jedenfalls an so bedeutenden Aspekten des

Lebens wie Sonnenschein, Essen, Trinken und Fußball. Im tiefsten Inneren glaubt der Italiener die Behauptung seines Sprichworts *Tutto il mondo è paese* (sinngemäß: „Die Welt ist ein Dorf" bzw. „Es ist überall das Gleiche"): Zwar mögen andere Nationen mächtiger und besser organisiert sein als die eigene, aber in Wirklichkeit verhält sich der Rest der Welt auch nicht anders als die Italiener und ist genauso korrupt wie sie, nur dass die anderen häufig geschickter darin sind, sich nicht erwischen zu lassen.

Wie sie Einwanderer sehen

Einwanderung in großem Maßstab ist für Italien ein vergleichsweise junges Phänomen. Den Begriff „Einwanderer" verwendeten Italiener traditionellerweise für Italiener aus anderen Teilen des Landes, die sich in ihrer Gegend niedergelassen hatten. Aber im Laufe der Zeit sind immer mehr Menschen nach Italien gekommen, um hier eine neue Heimat zu finden, hauptsächlich aus Albanien, Osteuropa, dem Senegal, Nigeria, Lateinamerika, Asien und den Ländern des Maghreb. Offizielle Statistiken zeigen, dass der Anteil der im Ausland geborenen Einwohner Italiens im Zeitraum zwischen 1990 und 2010 von unter 1% auf über 7% gewachsen ist – ein gewaltiger Wandel für ein Land, das bis dato eher für seine Auswanderungsgeschichte bekannt war.

Die Einstellung der Italiener bezüglich der Osteuropäer und der Nordafrikaner ist durch eine Mischung aus Solida-

> **» Den Begriff „Einwanderer" verwendeten Italiener traditionellerweise für Italiener aus anderen Teilen des Landes.**

rität und Geringschätzung bestimmt. Sie mögen ihre Hautfarbe, sind von ihren sonderbaren Sitten fasziniert und freuen sich vor allem über die Tatsache, dass die Einwanderer Arbeiten übernehmen, die sie anderenfalls womöglich selbst erledigen müssten. Man stimmt mit dem Gefühl überein, das in dem Oscar-prämierten italienischen Film *Mediterraneo* zum Ausdruck kommt, wonach alle Menschen rund um das Mittelmeer *una faccia, una razza* bilden (ein Gesicht, eine Rasse). Trotzdem wehren sich die Italiener dagegen, mit armen Einwanderern wie den Albanern oder Nordafrikanern in Verbindung gebracht zu werden, die einem an roten Ampeln die Autoscheiben putzen wollen. Man befürchtet nämlich, dadurch könne das eigene glamouröse Image Schaden nehmen.

>> **Im Großen und Ganzen ist der Italiener Ausländern gegenüber toleranter als anderen Italienern gegenüber.**

Es hat zwar einige Fälle von rassistischer Diskriminierung gegeben, aber im Großen und Ganzen ist der Italiener Ausländern gegenüber toleranter als anderen Italienern gegenüber.

Eine große Zahl von Einwandererfamilien ergattern Saisonarbeit auf dem Land, etwa bei der Tomaten- oder Traubenernte, andere lassen sich in den Industriestädten des Nordens nieder, wo sie die manuelle Arbeit verrichten, die für junge Italiener unattraktiv geworden ist. Vielen italienischen Fabrikbesitzern ist bewusst, dass sie ihr Unternehmen ohne die Einwanderer vermutlich dichtmachen könnten. Die meisten Haushaltshilfen und Altenpfleger in Italien sind heutzutage Ausländer(innen), und manche der von Einwanderern

gegründeten Kleinbetriebe schreiben erstaunliche Erfolgsge-
schichten, auch in Geschäftsbereichen, die traditionell von
Einheimischen beherrscht werden: So gibt es inzwischen Piz-
zerien, die von ägyptischen Eigentümern betrieben werden,
und Lederfabriken, die fest in chinesischer Hand sind.

Die Einwanderer sind verantwortlich dafür, dass die italienische Bevölkerung wieder wächst, nachdem sie aufgrund
der sinkenden Geburtenrate unter der „eingeborenen" Bevölkerung bis vor Kurzem beständig schrumpfte. So ist ein son-
derbarer Zwiespalt entstanden: Einerseits werden die Einwanderer von manchen als Be-
drohung des Italienisch-Seins,
der Charakteristik Italiens, der
Italiener und der italienischen
Sprache sowie der nationalen
Werte gesehen, andererseits würden diese Werte ohne deren
harte Arbeit womöglich verschwinden. Schließlich sind es
nicht zuletzt die von den „neuen Italienern" abgeführten
Steuern und Rentenbeiträge, die es den immer zahlreicher
werdenden Pensionären ermöglichen, ihren Ruhestand zu
genießen.

> **» Die Einwanderer sind verantwortlich dafür, dass die italienische Bevölkerung wieder wächst.**

Nord und Süd

Die Italiener stellen die Schwierigkeiten, die sie miteinander
haben, vereinfacht als einen Gegensatz zwischen Nord und
Süd dar.

Der Norditaliener sieht im Süditaliener einen korrupten
halbarabischen Bauern, der die Mafia toleriert und von dem

Geld lebt, das der hart arbeitende Norden erwirtschaftet hat. Der Süditaliener wiederum sieht im Bewohner des Nordens einen halbgebildeten, halbösterreichischen oder halbfranzösischen Bauern, der es dem Zufall der Geburt zu verdanken hat, dass er im reichsten Teil des Landes wohnt und der von dem Geld lebt, das die Bewohner des Südens erwirtschaften, die in seinen Fabriken oder auf seinem Land arbeiten.

Auch wenn dies ein von beiden Seiten stark überzeichnetes Bild ist, findet es doch Anklang genug, dass die *Lega Nord* (eine politische Partei, deren föderalistische Bestrebungen von Separatismus kaum zu unterscheiden sind) sich zu einer ernstzunehmenden politischen Kraft entwickeln konnte.

Die Unterschiede in Ernährungsweise, Gewohnheiten und Sprache reichen aus, um die gegenseitigen Vorurteile immer wieder neu zu schüren. Der Speiseplan des Südens gründete sich traditionell auf Pasta und Olivenöl, während der des Nordens nicht ohne Mais, Reis und Butter auskam. Und die Dialekte

>> **Viele Norditaliener scheuen sich nicht, den Süden für alles verantwortlich zu machen, was in Italien ihrer Meinung nach falsch läuft.**

mit ihren sprachlichen Besonderheiten sind so ausgeprägt, dass der Norditaliener im Süden ebenso oft nur Bahnhof versteht wie umgekehrt der Süditaliener im Norden.

Viele Norditaliener scheuen sich nicht, den Süden für alles verantwortlich zu machen, was in Italien ihrer Meinung nach falsch läuft oder was ihnen am italienischen Charakter missfällt. So betrachten sie zum Beispiel die Korruption, die Politik und Verwaltung beutelt, als „Krankheit des Südens", wobei sie geflissentlich die Tatsache unter den Tisch fallen lassen, dass im Zentrum des größten Korruptions- und Schmiergeldskandals überhaupt (bekannt geworden unter dem Namen *tangentopoli*) die norditalienische Großstadt Mailand stand, und dass die Mafia auch im Norden immer mehr Einfluss und Macht gewinnt.

Weder die Extremisten der *Lega Nord* noch jene Südler, die sich nach den goldenen Zeiten unter dem Königreich beider Sizilien zurücksehnen, tragen zur Lösung des Problems bei, sondern sie verschärfen es nur: Beide vergessen bequemerweise, dass, wenn alle Süditaliener nach Hause gingen, dem Süden die finanzielle Unterstützung des Nordens fehlen würde – und der Norden auf einen Schlag ohne Friseure dastünde.

Ein Widerspruch in sich

Italien ist ein Land der Widersprüche. Es ist das Land der Katholischen Kirche, aber auch der Mafia. Es ist das europafreundlichste Land in Europa, aber eines der schlechtesten, wenn es darum geht, EU-Richtlinien umzusetzen. Technologisch gehört es zu den fortschrittlichsten Ländern der Welt, aber ein Großteil seiner Rohrleitungen ist hoffnungslos veraltet. Es ist ein Land von gewaltigem Reichtum und bitterer Armut zugleich.

>> **Italien ist das Land der Katholischen Kirche, aber auch der Mafia.**

Wie es ein amerikanischer Botschafter einmal formulierte, als er nach Ende seiner Dienstzeit in Rom nach Hause zurückkehrte: „Italien ist ein sehr armes Land, in dem eine Menge sehr reicher Leute leben." Eine Auffassung, die offenbar von Statistiken gestützt wird, denen zufolge die Lombardei zu den wohlhabendsten Regionen in der Europäischen Union gehört. Die Italiener allerdings neigen zu der Ansicht, sie seien arm, während es den Bürgern aller nordeuropäischen Länder sehr viel besser gehe, auch wenn sie offensichtlich geschickter darin seien, ihren Reichtum zu verbergen.

Charakter

Auf der Bühne

Die Italiener sind große Schauspieler, und oft scheint es, als sei ihr Leben ein einziger großer Auftritt. Ein Großteil des italienischen Lebens spielt sich vor aller Augen in der Öffentlichkeit ab, und jeder weiß, wie wichtig es ist, allzeit *bella figura* (eine gute Figur) zu machen. Ob sie im Supermarkt einkaufen oder neue Kleider präsentieren, ob sie im Büro arbeiten oder den Verkehr regeln, ob sie im Restaurant bedienen oder einen Arztbesuch machen: Für die Italiener kommt es immer darauf an, eine Rolle auszufüllen und dabei möglichst gut auszusehen. Schon als Kinder lernen sie zu schauspielern und sie schauspielern ihr ganzes Leben lang.

>> **Ein Großteil des italienischen Lebens spielt sich in der Öffentlichkeit ab.**

Da schon das Alltagsleben immer auf der Bühne stattfindet, wirkt das italienische Theater oft übertrieben – das muss so sein, um es vom Drama des realen Lebens wenigstens ein bisschen zu unterscheiden.

Kleider machen Leute

Es wird große Sorgfalt darauf verwendet, für jeden Anlass die richtige Kleidung auszuwählen. Dies ist nie eine spontane Entscheidung – die Kleidung muss perfekt zu der Rolle passen, die man spielt. Der Bahnhofsvorsteher muss aussehen wie ein Bahnhofsvorsteher. Er muss sich auch so verhalten, denn er bewegt sich in der großen Filmkulisse des Lebens.

》》Das Leben entspannt anzugehen ist ein unverzichtbarer Bestandteil der bella figura.

Da kommt es entscheidend auf den Stil an. Der Taxifahrer, der Lehrer, der Arzt, der Rechtsanwalt und der Ingenieur, sie alle müssen sich kleiden, bewegen und benehmen wie es Taxifahrer, Lehrer, Ärzte, Rechtsanwälte und Ingenieure eben tun.

Das Leben entspannt anzugehen und so zu wirken, als ob man das Leben entspannt angeht, egal ob am Strand, in der Disco oder gar im Büro, ist ein unverzichtbarer Bestandteil der *bella figura,* was erklärt, warum viele Italiener mit Vorliebe in Berufen tätig sind, die uns furchtbar langweilig vorkommen, etwa als Rettungsschwimmer oder als Wachmann. Dort nämlich kann man sich den ganzen Tag lang präsentieren und dabei beobachtet werden, wie man gut aussieht und es locker angehen lässt – am Strand oder in irgendeiner Bank herumhängend, während man wie ein Revolverheld gekleidet ist und wichtig aussieht. Es ist egal, dass der Job am Strand im Winter nicht so angenehm ist oder ob der Wachmann tatsächlich in der Lage oder überhaupt berechtigt ist, seine Waffe einzusetzen, solange er nur überzeugend rüberkommt.

Nirgends lässt sich das besser beobachten als in der Welt des Sports. Es ist egal, wenn man nicht gut schwimmen kann, für einen Tauchkurs braucht man vor allem die richtige Kleidung, die richtige Ausrüstung und die richtige Haltung, man muss so aussehen und sich bewegen wie ein echter Sporttaucher. Aus diesem Grund ist die aktuelle Mode so wichtig, denn damit wirkt man einfach überzeugender. Auf vielen italienischen Dachböden stapeln sich Sportkleidung und -geräte, alles für teuer Geld erworben, aber ausrangiert, weil aus der Mode gekommen oder weil der Besitzer sich einem neuen

》 Viele Leute ergreifen eine Sportart tatsächlich nur wegen des Aussehens.

Hobby zugewandt hat. Viele Leute ergreifen eine Sportart tatsächlich nur wegen des Aussehens. Der Skilanglauf erlebte einen Boom, als die hautengen Lycra-Anzüge erfunden wurden. Es lohnte sich, für ein paar Stunden der bitteren Kälte zu trotzen und die körperlichen Qualen auf sich zu nehmen, die mit diesem anstrengenden Sport verbunden sind, nur um sich hinterher in voller Montur an der Bar zeigen zu können (und es soll ja sogar auch gut für die Gesundheit gewesen sein).

Italiener achten sehr darauf, wie andere Leute angezogen sind, insbesondere Ausländer, die praktisch durch die Bank den Ruf haben, sich unmöglich zu kleiden. Im Zweiten Weltkrieg stießen alliierte Kriegsgefangene, die aus einem der Gefangenenlager entkommen konnten, bei der Flucht in Italien auf mehr Probleme als in jedem anderen europäischen Land. Mit der Kleidung, die sie sich aus ihren Uniformen, aus Bettlaken und Decken gefertigt hatten, konnten sie zwar oft die Deutschen täuschen, die Italiener aber so gut wie nie.

Status und Erfolg

Die italienische Gesellschaft ist hochkomplex, und auch wenn es oberflächlich so scheint, als würden die sozialen Trennlinien allein entlang der Grenzen von Reichtum und Wohlstand verlaufen, gibt es in Wirklichkeit eine Reihe von verwandten Faktoren, die ebenso bestimmend sind, sei es die Herkunft, die Ausbildung, die berufliche Stellung oder der Sport, die Religion und so weiter und so fort. Wer Geld hat, und sei es nur vorübergehend, mag es ausgeben und zur Schau stellen, wie er gerade lustig ist. Er wird als Oberboss angesehen und behandelt – solange ihm das Geld nicht ausgeht, versteht sich.

> **Die einzige Sache, welche die Fantasie italienischer Männer noch viel mehr beflügelt als der Traum, ein Fußballstar zu sein, ist der Wunsch, einen bedeutenden Fußballverein zu besitzen.**

Die einzige Sache, welche die Fantasie italienischer Männer noch viel mehr beflügelt als der Traum, ein Fußballstar zu sein, ist der Wunsch, einen bedeutenden Fußballverein zu besitzen. Jeder weiß, dass das geschäftlich gesehen eine unprofitable Angelegenheit ist, aber als Instrument zur Imageförderung ist es nicht zu toppen! Es ist kein Zufall, dass die Familie Agnelli (bekannt durch Fiat) das Heft bei Juventus Turin in der Hand hält, und auch dem erfolgreichsten *arri-*

vista (Emporkömmling) seiner Generation und reichsten Mann Italiens, Silvio Berlusconi, reichte es nicht, Besitzer eines Verbunds bedeutender Medien zu sein, nein, er musste erst den AC Mailand kaufen, um seinen Status als Erfolgsmensch endgültig zu sichern.

Allegria

Allegria ist ein Ausdruck für überschäumendes Temperament und eine Lebensfreude, die für Außenstehende nicht immer leicht nachzuvollziehen ist. Es geht um die schiere Begeisterung am Dasein, um Sonnenschein, Geselligkeit und kollektiven Frohsinn. *Allegria* ist der Grund, warum es scheint, dass Italiener ständig zusammen lachen und lächeln. Selbst wenn

> **》》 Allegria ist ein Ausdruck für überschäumendes Temperament und eine Lebensfreude, die für Außenstehende nicht immer leicht nachzuvollziehen ist.**

nicht alles so läuft, wie man es gern hätte, bemüht man sich normalerweise, sich das nicht anmerken zu lassen, vor allem in der Öffentlichkeit. Fröhlich zu sein und diese Fröhlichkeit auch auszustrahlen, kann ein unverzichtbarer Bestandteil der *bella figura* sein.

Allegria ist ansteckend, und sich davon auszuschließen, wird als stillos empfunden. Beim großen Familienpicknick in den Bergen werden alle, die dabei sind, *allegria* in Reinkultur an den Tag legen und sich halb kaputtlachen, wenn Onkel Gianni demonstriert, wie Tante Rita sich einmal aus Versehen auf einen Kaktus gesetzt hat, auch wenn sie die Geschichte schon hundertmal gehört haben.

Das Gegenstück zur *allegria* ist eine depressionsähnliche Form von Melancholie und Leiden, die den Besuchern aber in der Regel verborgen bleibt, da sie meist von dem feuchten, kühlen Wetter des Spätherbstes ausgelöst wird und mit den alljährlichen Preis- und Steuererhöhungen zusammenfällt.

>> **Das Gegenstück zur allegria ist eine depressionsähnliche Form von Melancholie und Leiden, die den Besuchern aber in der Regel verborgen bleibt.**

Im Allgemeinen aber versuchen die Italiener, das Leben von der fröhlichen Seite zu betrachten – positives Denken, treffend veranschaulicht durch die rührende Grußformel: „Möge der traurigste Tag in deiner Zukunft nicht schlechter sein als der glücklichste Tag deiner Vergangenheit."

Verhaltensweisen

Die Kunst, über die Runden zu kommen

Die Italiener sind Experten im *arrangiarsi* (sich behelfen) und sowohl daheim als auch im Ausland von jeher berühmt für ihr Talent, immer das Beste aus den Gegebenheiten zu machen. Das ist darauf zurückzuführen, dass ihnen oft gar nichts anderes übrig bleibt.

Wenn zum Beispiel der Verkehr von zwei Fahrern aufgehalten wird, die eine lange Unterhaltung führen, weil sie sich seit gestern nicht gesehen haben, dann nutzen all jene, die in der Schlange stehen, die Gelegenheit, um nach Herzenslust zu hupen und wüste Beschimpfungen aus dem Fenster zu brüllen, oder sie lesen unterdessen die Zeitung, telefonieren oder überprüfen im Rückspiegel, ob die Haare auch richtig sitzen.

Als im Jahr 2002 der Euro eingeführt wurde, ignorierten viele Ladeninhaber den offiziellen Umtauschkurs und strichen einfach eine Null weg (sodass aus 1000 Lire 1,00 Euro wurde), wodurch sie ihren Profit auf einen Schlag verdoppelten. Noch einfallsreicher war die Reaktion, als das Land, noch zu Zeiten der Lira, infolge einer Mischung aus behördlicher Inkompetenz und bürokratischer Bestechlichkeit zeitweilig unter einem Mangel an Kleingeld zu leiden hatte. Die Italiener zuckten lediglich mit den Achseln und zahlten stattdessen mit Lutschbonbons.

Geschenke machen

Die Italiener sind ein großzügiges Volk, aber man sollte ihre Freigebigkeit mit Zurückhaltung genießen, weil nur wenige Geschenke ganz ohne Hintergedanken gemacht werden. Das Leben und die Machtstrukturen in Italien gründen auf einem

>> **Sobald man ein Geschenk annimmt, schuldet man dem Schenkenden einen Gefallen.**

System von Geben und Nehmen. Sobald man ein Geschenk annimmt, schuldet man dem Schenkenden einen Gefallen und hat ein Abkommen geschlossen, das unter Umständen lebenslang Bestand hat. Wenn also ein Italiener jemanden in seinem Auto zum Bahnhof fährt oder ihm die Telefonnummer eines guten Augenarztes anvertraut, könnte er früher oder später eine Gegenleistung erwarten.

Autofahren

Autofahren ist der Bereich des Lebens, in dem der italienische Mann glaubt, sich angemessen verwirklichen zu können. Man braucht ihn nur zu fragen, was er unter einem guten Fahrer oder einer schönen Straße versteht, und er gerät ins Schwärmen. Ein guter Fahrer, wird er sagen, ist einer, der zügig von A nach B fährt und dabei das Vergnügen und die Bequemlichkeit seiner Mitfahrer im Auge hat, nicht zu oft bremst, nicht über Buckel oder Löcher fährt, sondern sie elegant umkurvt, kurzum: jemand, der wie ein Mitglied der Formel-1-Mannschaft von Ferrari fährt. Eine schöne Straße ist breit, gerade und glatt, damit man mit hoher Geschwindigkeit auf ihr fahren kann, ohne störendes Geruckel für die Passagiere, kurzum: eine Rennstrecke.

>> **Autofahren ist der Bereich des Lebens, in dem der italienische Mann glaubt, sich angemessen verwirklichen zu können.**

Eine schmale Straße, die sich malerisch durch eine Gebirgslandschaft windet, wird nicht als schöne Straße betrachtet.

Besitzern eines neuen Alfa Romeos wird in der Anleitung empfohlen, sich einer bestimmten Fahrweise zu befleißigen, um Leistung und Lebensdauer ihres Fahrzeugs zu optimieren: Sie sollen beispielsweise nicht zu dicht auf den Vordermann auffahren, zwischen Ampeln nicht stark beschleunigen oder heftig bremsen, nicht allzu forsch in die Kurven gehen und so weiter und so fort ... Sie sollen mit anderen Worten nicht fahren wie Italiener.

Landeier, die mit dem Auto in einer italienischen Stadt unterwegs sind, sollten sich mit zwei Grundregeln vertraut machen: Fahrzeuge mit außerstädtischen Nummernschildern gelten bei einheimischen Fahrern wie auch bei der Verkehrspolizei als Freiwild; und die Verkehrspolizei verschafft den Verkehrsregeln Geltung, wie und wann sie es für richtig hält. Und falls man durch Neapel fährt, ist es gut, sich daran zu erinnern, dass es dort nur zwei Sorten von Ampeln gibt: solche, die zur Dekoration dienen, und solche, die lediglich einen Vorschlag darstellen.

Das Fahren auf dem Lande kann auch recht unterhaltsam sein, vor allem, wenn man nicht weiß, wo man hin muss: Die italienischen Schilddesigner haben sich auf die Herstellung von Wegweisern spezialisiert, die nicht Autofahrern die Orientierung erleichtern, sondern von

》Das Fahren auf dem Lande kann auch recht unterhaltsam sein, vor allem, wenn man nicht weiß, wo man hin muss.

den Bewohnern der umliegenden Dörfer als künstlerische Meisterwerke gewürdigt werden sollen. Glücklicherweise ist es gar nicht so leicht, sich in Italien zu verirren, vorausgesetzt, man kennt den Weg und behält immer im Blick, dass – trotz hartnäckiger Bemühungen der Straßenverkehrsbehörden, die Autofahrer vom Gegenteil zu überzeugen – nicht alle Wege nach Rom führen.

Umgangsformen

Italiener sind höflich und haben gute Manieren. Begrüßungsrituale sind ihnen wichtig, und da sie in allem sehr körperbetont sind, geht es dabei nicht ohne Händeschütteln und Küsschen ab. Sie vermitteln echte Wärme und Freude, wenn sie jemanden wiedersehen, auch wenn man sich gerade gestern oder gar heute Morgen erst getroffen hat. Man küsst sich auf beide Wangen und es ist keineswegs ein Tabu, dass sich auch Männer auf diese Art begrüßen.

>> **Italiener sind höflich und haben gute Manieren. Begrüßungsrituale sind ihnen wichtig.**

Das Händeschütteln bietet zusätzlich den Vorteil, offen zu demonstrieren, dass keine der beiden Seiten eine Waffe gezogen hat.

In manchen Kreisen reden die Italiener sich mir nichts, dir nichts mit *cara* (Schatz) oder *tesoro* (Liebling) an. Bevor sie aber in die Wohnung anderer Leute eintreten, fragen sie: *„Permesso?"* (Darf ich?). *Ciao* ist eine informelle Anrede, die sowohl zur Begrüßung als auch zum Abschied eingesetzt wird. *Buongiorno* (Guten Morgen/Guten Tag) wird für einen Großteil des Tages verwendet, bevor man übergangslos zu *Buonasera* (Guten Abend) übergeht, als würde der Nachmittag gar nicht existieren. Bei der Unterscheidung von Abend und Nacht sind die Italiener viel strenger. Die Frage „Was habt ihr gestern Nacht gemacht?" wird für aufdringlich oder gar unverschämt gehalten, während die Frage „Was hast du gestern Abend gemacht?" vollkommen in Ordnung ist.

Das Italienische verfügt über drei Formen der Anrede: *tu, voi* und *lei*. Während das *voi* heute kaum noch gebräuchlich ist, findet das *tu* Verwendung innerhalb der Familie, unter jungen Leuten, unter Erwachsenen, die sich gut kennen, und unter Kollegen. Das *lei* wird eingesetzt, wenn es förmlich zugeht und man sein Gegenüber herkömmlicherweise mit dem Nachnamen anredet, allerdings wird es neuerdings als normal empfunden, auch das Siezen mit dem Gebrauch von Vornamen zu verbinden. So werden die Frau vom Reisebüro oder der Automechaniker sich vielleicht als Maria Cristina oder Sergio vorstellen, ihre Kunden aber mit Dottore Rossi oder Signora Ferrari anreden.

Unbekannte werden als *signor* oder *signora* angesprochen, wobei man der *signora* selbst dann den Vorzug gibt, wenn die so Bezeichnete strenggenommen eine *signorina* (also unverheiratet) ist. Berufsbezeichnungen werden viel häufiger in der Anrede verwendet als etwa in

>> **Berufsbezeichnungen werden viel häufiger in der Anrede verwendet als etwa in Deutschland.**

Deutschland und Großbritannien. *Dottore* ist nicht nur der Arzt, sondern jeder Akademiker; als *professore* wird jeder Lehrer bezeichnet, nicht nur der an der Hochschule. Ein *maestro* kann nicht nur der Komponist sein, sondern auch ein Handwerker und sogar Judolehrer. Wer mit *ingegnere* angeredet wird, darf sich etwas darauf einbilden, denn Diplomingenieure stehen in hohem Ansehen. Auch Prominente tragen häufig Berufs- oder Ehrentitel, so wurde etwa Giovanni Agnelli nur *l'avvocato* (der Advokat) genannt und Silvio Berlusconi ist *il cavaliere* (der Ritter). Es kümmert keinen, ob die Berufsbezeichnung zu Recht verwendet wird, Hauptsache, sie schmeichelt dem Adressaten.

Grazie und *prego* sind die tragenden Säulen der italienischen Umgangsformen. Es gilt aber nicht als unhöflich, in einer Bar seine Bestellung lautstark mit den Worten „Einen Kaffee!" aufzugeben, denn schließlich kauft man da eine Dienstleistung. Entschuldigungen dagegen sind selten. Die Floskel „tut mir leid" will dem Italiener einfach nicht über die Lippen kommen – wenn es ihm nicht wirklich leid tut, hält er es auch nicht für nötig, Bedauern zu heucheln, und wenn ihm tatsächlich etwas leid tut, dann kann er das immer noch im Beichtstuhl loswerden.

Etikette

Pünktlichkeit ist in Italien von nur relativer Bedeutung und Zeitangaben sind oft nur im ungefähren Sinn zu verstehen.

>> **Pünktlichkeit ist in Italien von nur relativer Bedeutung.**

Bei Verabredungen verspätet zu erscheinen, wird nicht gerade gebilligt, aber toleriert – eine Viertelstunde ist noch akzeptabel, eine halbe Stunde nicht mehr. Ein Universitätsprofessor kann also zu seiner Vorlesung bis zu einer Viertelstunde später erscheinen, überzieht er diese Frist jedoch, muss er damit rechnen, vor einem leeren Hörsaal zu stehen.

Weltmeister im Schlangestehen waren die Italiener noch nie, genauer gesagt bringt sie die bloße Vorstellung, sich in dieser Disziplin zu üben, bereits zum Lachen. Wenn die Leute anstehen, um einen Skilift zu besteigen oder Karten fürs Theater oder ein wichtiges Fußballspiel zu kaufen, entwickelt sich oft ein gefährliches Gedränge. Seit man an Orten, wo es am wüstesten herzugehen pflegte, etwa auf öffentlichen Ämtern oder an der Fischtheke, Wartenummern ziehen muss, hat sich die Lage dort sehr entspannt. Die Menschen erfreuen sich daran, die kleinen Zettel einzusammeln, und auch der Gedanke des Fairplays findet Anklang. Was könnte auch fairer sein, als ganz früh im Amt einzutreffen, eine Nummer zu ziehen, dann erst einmal einkaufen oder gemütlich einen Cappuccino

> **Seit man an Orten, wo es am wüstesten herzugehen pflegte, Wartenummern ziehen muss, hat sich die Lage dort sehr entspannt.**

trinken zu gehen und gerade rechtzeitig wieder ins Amt zurückzukehren, bevor die eigene Nummer aufgerufen wird?

Gestik und Gesprächsthemen

Italiener gelten in aller Welt als große Kommunikatoren, obwohl ihre Sprache beileibe nicht sehr weit verbreitet ist. Dieses Defizit wird jedoch mehr als wettgemacht durch ihr einzigartiges Talent, sich mit Händen und Füßen verständlich zu machen.

So ausdrucksstark und vielseitig gehen sie dabei zu Werke, dass Italoamerikaner ein Online-Wörterbuch der italienischen Gestik erarbeitet haben. Die bloße Tatsache, dass ein solches Wörterbuch existiert, vermittelt eine Vorstellung von der Komplexität und dem enormen Ausdrucksspektrum italienischen Gebärdenspiels, das von Handbewegungen mit eindeutig beleidigendem Inhalt bis zu solchen reicht, die auf verschiedenste Art das Gesagte untermalen oder betonen.

Es gibt eine durchaus große Bandbreite möglicher Gesprächsthemen, doch in der Unterhaltung mit Fremden (wo man heikle Themen wie Politik und Religion unbedingt vermeiden will) wird es vorzugsweise um Sport und Gesundheit, vor allem aber um Essen und seine Zubereitung gehen. Alle Italiener interessieren sich brennend dafür, wie man traditionelle Gerichte neu interpretieren kann, und werden nicht müde, über Menge und Qualität der Zutaten zu diskutieren sowie darüber, wann und wo und zu welchem Preis man sie am besten bekommt.

>> **Alle Italiener interessieren sich brennend dafür, wie man traditionelle Gerichte neu interpretieren kann.**

Sich übers Wetter zu unterhalten, gilt als banal und höchsten für Gespräche im Fahrstuhl geeignet – die glücklicherweise nur von kurzer Dauer sind.

Familienangelegenheiten

Die Familie ist die mit Abstand wichtigste soziale, ökonomische, organisatorische und politische Größe in Italien.

Die Kernfamilie teilt sich auf in: den Vater, das Oberhaupt der Familie, der glaubt, er mache die ganze Arbeit und treffe alle Entscheidungen; die Mutter, die in Wahrheit den Großteil der schweren Arbeit erledigt und alle wichtigen Entscheidungen trifft; die Söhne, die fast durchweg verwöhnt sind und nie gelernt haben, um irgendetwas zu kämpfen; und schließlich die Töchter, die selten verwöhnt sind und folglich oft mehr drauf haben als ihre Brüder, mit denen sie von klein auf zu ihrem eigenen Nachteil in Wettbewerb stehen.

Die erweiterte Familie stellt eine gesellschaftliche Einheit von beträchtlicher Größe dar und umfasst alle nur denkbaren Verwandten. Sie versammelt sich wenigstens zu Taufen, Hochzeiten und Beerdigungen und umfasst eine große Anzahl von Menschen.

Familienfeiern sind Anlässe zur Prahlerei und Großzügigkeit, bei denen die innerfamiliäre Hackordnung in Bezug auf Macht und Reichtum ganz genau unter die Lupe genommen wird. Ein Italiener würde sogar so weit gehen, eine schwere Erkrankung vorzutäuschen, um nicht zur Hochzeit eines Cousins zweiten Grades gehen zu müssen, wenn er Sorge hat, er würde eine *brutta figura* machen, weil er sich kein teures Geschenk und keinen neuen Anzug leisten kann.

»Die italienische Familie ist ein ausgeklügeltes Netzwerk aus Vetternwirtschaft und Macht.

Die italienische Familie ist ein ausgeklügeltes Netzwerk aus Vetternwirtschaft und Macht, zusammengehalten durch ein komplexes System gegenseitiger Geschenke und Gefälligkeiten. Sich den Wünschen der Familie zu widersetzen, ist schwer und für die meisten Italiener so schwer, dass sie es gar nicht erst versuchen.

Frauen

Italienische Frauen sind glänzende Schauspielerinnen. Obwohl sie vollkommen emanzipiert sind und immer genau das tun, was sie wollen und wann und wo sie es wollen, geben sie ihr Leben lang vor, sie seien still und unterwürfig und die italienischen Männer seien die Herren im Haus.

Das ist aber tatsächlich nur Show, denn das Sagen in der Familie haben in Wirklichkeit die Frauen. Italienische Ehefrauen und Freundinnen wissen, wie wichtig ihren Männern das Image ist, also lassen sie sie in dem Glauben, sie wären große, machohafte Entscheider. Sie wissen allerdings auch, dass ihre Mannsbilder als Kinder

>> **Das Sagen in der Familie haben in Wirklichkeit die Frauen.**

dermaßen verhätschelt wurden, dass sie in der Realität nur wenig selbst erledigen können, außer gut auszusehen, Kaffee zu trinken, den Frauen nachzusteigen und mit den Spielsachen der Kinder zu spielen. Italienische Frauen wissen dies, weil sie ihre männlichen Nachkommen schon immer mit großer Hingabe verhätschelt haben und sie auf diese Weise in vollkommener Abhängigkeit halten. Es ist ein Geheimnis, das von einer Generation italienischer Frauen an die nächste weitergereicht wird: Unterwürfigkeit zu heucheln, ist ein kleiner Preis dafür, die Macht in der Familie innezuhaben.

Mamas Liebling

Italienische Männer verlassen kaum je das heimische Nest, und selbst wenn es denn mal so weit ist, zieht so ein *mammone* (Muttersöhnchen) in aller Regel nur in das Haus auf der anderen Straßenseite oder in die Wohnung nebenan. Laut Statistik leben 40% aller Italiener mit Anfang dreißig noch zu Hause bei ihren Eltern.

Hinter jedem großen italienischen Mann steht eine große italienische Frau, manchmal seine Ehefrau oder Geliebte, in den meisten Fällen aber seine Mutter. Der italienische Mann wächst in dem Glauben auf, seine Mutter sei die Jungfrau Maria, und so ist es nur natürlich, dass er sich selbst für Jesus hält beziehungsweise für Gottes Geschenk an die Welt oder jedenfalls die darin lebenden Frauen.

Es ist kein Wunder, dass italienische Männer sich so schwer damit tun, ihr Heim zu verlassen. Von ihren Müttern werden sie, auch wenn sie schon älter sind, dermaßen verwöhnt, dass ein derartiger Wunsch gar nicht erst aufkommt. Selbst wenn die Söhne verheiratet sind, verhalten sie sich weiterhin wie Junggesellen und bringen mindestens einmal die Woche ihre Wäsche zu Mama, damit diese sie wäscht und bügelt. Warum ein Leben in Luxus und finanzieller Sicherheit mit einer Frau aufgeben, die dich wie den Sohn Gottes behandelt, und für eine Zukunft mit einer Frau eintauschen, die womöglich von dir verlangt, Dinge im Haushalt zu erledigen, die du nie gelernt hast, zum Beispiel dein Bett zu machen oder das Geschirr abzutrocknen?

Von einem italienischen Wirtschaftsminister wurde vor einiger Zeit sogar ein eigener Ausdruck für junge Erwachsene geprägt, die noch bei ihren Eltern wohnen: *bamboccioni.* Man

> **》》 Hinter jedem großen italienischen Mann steht eine große italienische Frau.**

muss allerdings berücksichtigen, dass den jungen Italienern, ob männlich oder weiblich, kaum eine andere Wahl bleibt. Zum einen ist es in Italien traditionell nicht üblich, die Studienzeit fern der Heimat zu verbringen, zum anderen finden die meisten keinen anständigen Job, bevor sie nicht weit über dreißig sind. Hinzukommt der Mangel an bezahlbarem Wohnraum, der es ihnen fast unmöglich macht, sich etwas Eigenes zu suchen. So stecken sie in einer üblen Falle: Zwar würden sie gern auf eigenen Füßen stehen, sind aber nicht in der Lage, dem Nest zu entfliehen und müssen sich obendrein auch noch dafür verspotten lassen. Und damit ist das Dilemma vielleicht noch nicht einmal ausgeschöpft: Heutzutage münden

》》 In Italien ist es traditionell nicht üblich, die Studienzeit fern der Heimat zu verbringen.

ein Drittel aller italienischen Ehen in einer Scheidung, was in vielen Fällen daran liegt, dass die Ehefrau das Gefühl hat, chancenlos zu sein in der Konkurrenz mit der Mutter ihres *bamboccione*.

Kinder

Italienische Kinder dürfen gesehen und gehört werden, genauer gesagt müssen sie gesehen und gehört werden. Außerdem müssen sie permanent auf dem Präsentierteller sitzen, außer natürlich zwischen zwei und fünf Uhr nachmittags, wenn sie ihren Mittagsschlaf halten sollen. Alle italienischen Kinder machen Siesta, damit sie nicht zu müde sind, um an der *passeggiata* teilzunehmen, der Zeit, wenn sich die ganze Familie auf die Straße begibt, um zu sehen und gesehen zu werden, nachdem die Hitze des Tages nachgelassen hat. Viele Italiener legen die Gewohnheit, sich ein Mittagsschläfchen zu gönnen, nie ab, was als Erklärung dafür dienen mag, warum sie und ihre Kinder auch um Mitternacht noch voller Energie zu sein scheinen.

Es gibt dabei nur ein Problem: Die Zahl der *bambini* ist rückläufig. Eine mögliche Erklärung dafür sind die Kosten: Designer-Babykleidung und die entsprechende Babynahrung können das Familienbudget schwer belasten. Hinzukommt, dass das gesellschaftliche Leben der Eltern gefährdet ist, wenn sie zu viel Zeit mit den Kindern verbringen müssen. Um dem vorzubeugen, werden Kinder schon früh wie Miniaturerwachsene gekleidet und fast allen Aspekten des Erwachsenenlebens ausgesetzt.

>> **Im Großen und Ganzen haben die Italiener eine großartige Art, mit Kindern umzugehen.**

Im Restaurant sind sie jederzeit willkommen und es wird erwartet, dass sie an allen Familienfeiern und sonstigen -aktivitäten teilnehmen. Sie wachsen viel schneller heran als ihre nordeuropäischen Altersgenossen und entwickeln von klein auf jene Schlüsselfertigkeiten, die nötig sind, um „klarzukommen" und ihre Rolle auf der großen Bühne des Lebens zu spielen.

Im Großen und Ganzen haben die Italiener eine großartige Art, mit Kindern umzugehen, selbst mit den aufmüpfigen und nicht ganz so schonen Exemplaren. Wie es in der alten neapolitanischen Redensart heißt: „*Ogni scarafone è bello a mamma soja*" – „In den Augen seiner Mutter ist jeder Käfer schön."

Großeltern

Da finanzielle Macht und Einfluss innerhalb der Familie im Allgemeinen bei ihnen liegen, achten *i nonni* (die Großeltern) darauf, ihre Enkelkinder nach Strich und Faden zu verwöhnen und ihnen einzuimpfen, wie wichtig das allseitige Geben und Nehmen ist, damit diese Kinder, wenn sie dereinst selbst einmal *nonni* sind, sicher sein können, dass auch ihre Nachkommen sich um sie kümmern.

Wer zu einer italienischen Familie gehört, geht eine vertragliche Vereinbarung ein, die von der Wiege bis zum Grab gültig ist.

Freunde

Mag die Bedeutung von Freundschaft auch ein wenig im Schatten der alles überragenden Familie stehen, spielt sie dennoch eine Schlüsselrolle in der italienischen Gesellschaft. Die Italiener sind ein ausgesprochen geselliges Völkchen und sie lieben es, einer Gruppe oder Clique anzugehören. Der Wunsch, zu einer Gruppe zu gehören, wird als natürlich und notwendig angesehen.

≫ „Echte" Freundschaften werden für gewöhnlich schon früh geschlossen.

„Echte" Freundschaften werden für gewöhnlich schon früh geschlossen, in der Schule und unter Nachbarn, und halten oft ein Leben lang. Diese Freundeskreise haben einen hohen Zusammenhalt und tun sich schwer, neue Mitglieder aufzunehmen. Andere „echte" Freunde kann man an der Universität, bei der Arbeit, beim Sport etc. gewinnen, allerdings sind solche Freundschaften vielleicht eher als „nützlich" denn als „echt" zu bezeichnen. Erwachsene Italiener sind Teil eines ganzen Netzwerks „nützlicher" Freundschaften: der gute Zahnarzt, der einem die Zähne „zum halben Preis" zieht, der clevere Anwalt, der einen „kostenlos" vertritt, die Verkäuferin in der Bäckerei, die einem immer das Lieblingsbrot zurücklegt. Dann gibt es aber auch Freundschaften, auf die man gern verzichten würde, oft verbunden mit „Angeboten, die man nicht ablehnen kann".

Von Besuchern kommt mitunter der Vorwurf, die Italiener würden das Herz auf der Zunge tragen, aber diese „oberflächliche" Freundlichkeit wird oft missverstanden. Man behandelt den Besucher als Freund, ohne von ihm etwas anderes zu erwarten, als dass er diese Freundschaft erwidert, was geradezu eine Vorzugsbehandlung ist, die anderen Italienern kaum je zuteil wird. Es ist kein Haken dabei, man wird den Besucher nicht bitten, Salvatores entfernter Cousine Concetta bei der Jobsuche behilflich zu sein, wenn sie im nächsten Frühjahr in sein Land einreist.

>> **Da die Italiener überaus praktisch denken, muss alles seinen genau bestimmten Nutzen haben.**

Trautes Heim

Da die Italiener überaus praktisch denken, muss alles seinen genau bestimmten Nutzen haben. Italienische Wohnungen sind tipptopp gepflegt, aber tendenziell klein und haben nicht mehr Zimmer als unbedingt nötig. Gästezimmer sind selten – „Man kann ja wohl im Hotel übernachten, oder?" In Italien findet ein Großteil des Lebens in der Öffentlichkeit statt, daher gleicht die Wohnung eher der Garderobe eines Schauspielers, in der man sich zwischen den Akten umzieht und ein wenig ausruht. Die meisten Wohnungen haben ein Zimmer, das dem Empfang von Gästen vorbehalten ist, dort stehen die besten Möbel und hängen die schönsten Bilder. Für die Familie dagegen ist dieses Zimmer Sperrgebiet und es wird so selten benutzt, dass es im Winter eiskalt ist – wozu soll man es heizen, wenn kein Besuch kommt?

>> **Die meisten Wohnungen haben ein Zimmer, das dem Empfang von Gästen vorbehalten ist, dort stehen die besten Möbel und hängen die schönsten Bilder.**

Viele italienische Familien besitzen eine Zweit- oder sogar Drittwohnung am Meer oder in den Bergen. Im Allgemeinen sind das kleine 1- oder 2-Zimmer-Appartements mit Etagenbetten, wo in den Ferien die ganze Familie schlafen kann.

Grund und Boden wird als viel zu wertvoll betrachtet, als dass man darauf Blumen wachsen ließe (es sei denn natürlich, man kann sie verkaufen), italienische Gärten sind daher meist Küchengärten. Die Italiener haben ein geniales Händchen dafür, Höchstmengen an wunderbarem Obst und Gemüse auf einem Minimum an Anbaufläche zu produzieren – notfalls dem eigenen Balkon.

Obsessionen

Andere Italiener austricksen

Landsleute auszutricksen und sie hinterher als begriffsstutzig und leichtgläubig (oder *fesso*) zu verhöhnen, ist ein zentraler Teil der italienischen Psyche und wird allgemein als Tugend angesehen, jedenfalls solange man dabei erfolgreich ist. Daher bewundert oder beneidet man sogar den Schlaumeier *(il furbo),* der sich bei einem Verkehrsstau einfach nach vorn drängelt, noch bei Rot über die Ampel fährt und vor allen anderen auf und davon ist.

Sollte er dabei von der Verkehrspolizei ertappt, verfolgt und gestellt werden, wird der *furbo* Stein und Bein schwören, dass seine Frau in den Wehen liege und er so schnell wie möglich nach Hause müsse, um sie in die Entbindungsklinik zu bringen. Und schon wird er wieder davonbrausen, aber diesmal mit Polizeieskorte. Wenn es darum geht, andere auszutricksen, ist alles erlaubt, die Umgehung von Vorschriften ebenso wie dreisteste Flunkereien. Italiener lernen von klein auf, dass man mit der Wahrheit sparsam umgehen muss. Alle anderen tun es auch, würde man das Spiel also nicht mitspielen, wäre man schwer im Nachteil. Will man den anderen immer einen Schritt voraus sein, muss man seine Fantasie anstrengen.

> ❯❯ **Landsleute auszutricksen wird allgemein als Tugend angesehen, jedenfalls solange man dabei erfolgreich ist.**

Natürlich besteht das Risiko, dass man nicht immer mit allem durchkommt, aber die meisten finden, es lohne sich, dieses Risiko einzugehen. Am Ende muss man den Strafzettel für das Überfahren der roten Ampel vielleicht nie bezahlen, vor allem, wenn ein Cousin des Fahrers bei der Polizei arbeitet und den Verkehrspolizisten daran erinnert, dass sie doch beide Anhänger desselben Fußballvereins sind, und anschließend durchblicken lässt, dass der Verkehrssünder zufällig noch eine Eintrittskarte für das große Spiel am Sonntagnachmittag übrig hat.

Viel schlimmer, als dass sie einem auf die Schliche kommen, ist es, das Gesicht zu verlieren, daher bringt der Italiener lieber die aberwitzigsten Entschuldigungen vor oder lässt sie sich auftischen, als dass er sich einen Irrtum oder ein Versäumnis nachsagen lassen würde. Beschönigende Ausreden wie „Ich habe deine Telefonnummer verlegt" oder „Dein Brief ist nie bei mir angekommen" gehen so viel leichter über die Lippen als das Eingeständnis, falsch eingeschätzt zu haben, wie wichtig eine rasche Antwort gewesen wäre, denn damit würde man wie ein *fesso* dastehen.

> **» Am Ende muss man den Strafzettel vielleicht nie bezahlen, vor allem, wenn ein Cousin des Fahrers bei der Polizei arbeitet.**

Steuervermeidung

Italien hat die höchste Anzahl an Steuern und einige der höchsten Steuersätze in Europa, aber das ist kein Problem, denn die Italiener sind dafür berühmt, dass sie sie nicht zahlen. Dies wird von der Regierung berücksichtigt, wenn sie ihre Forderungen erhebt. In der Vergangenheit ist es hierüber zu Missverständnissen gekommen. Als Triest, vormals zu

Österreich-Ungarn gehörig, 1918 Italien zugeschlagen wurde, zahlten die Leute genau die Steuern, die von ihnen verlangt wurden. Daraufhin verlangten die Steuerinspektoren im nächsten Jahr gleich den doppelten Satz, da sie davon ausgingen, dass niemand mehr als 50 % dessen gezahlt hatte, was er hätte zahlen können.

Wer ein festes Gehalt bezieht, hat es heute allerdings schwer, Steuern zu vermeiden, da diese gleich an der Quelle abgezogen werden. Freiberufler und Selbstständige dagegen schöpfen alle Mittel aus, um ein möglichst geringes Einkommen

>> **Es ist keine leichte Aufgabe, die nationalen Schulden zu bedienen.**

auszuweisen. Auf diese Weise kommen sie obendrein in den Genuss von Sozialleistungen, die allen Einkommensschwachen in Italien zustehen.

Es ist keine leichte Aufgabe, die nationalen Schulden zu bedienen, und die Regierung greift of auf das Mittel der Amnestie zurück, um überhaupt Einnahmequellen zu erschließen; zum Beispiel im Baugewerbe, wo all jenen, die gegen Bauvorschriften verstoßen hatten, die Möglichkeit gegeben wurde, durch Zahlung einer Geldstrafe mit dem Gesetz ins Reine zu kommen. Auf diese Weise gelingt es zwar, Geld einzutreiben, andererseits wird durch regelmäßige Amnestien zweifellos die Bereitschaft erhöht, Gesetzesverstöße zu riskieren – es ist ein Teufelskreis. So erklären sich auch all jene rein spekulativen Bautätigkeiten, die oft ohne jede Baugenehmigung in Angriff genommen wurden und einige der schönsten Strände Italiens verschandelt haben.

Schätzungen besagen, dass bis zu einem Drittel aller wirtschaftlichen Aktivitäten unter der Hand stattfinden und somit von der offiziellen Statistik und folglich auch der Steuerbehörde nicht erfasst werden. Diese *economia sommersa* (Schattenwirtschaft) stützt sich auf *lavoro nero* (Schwarzarbeit) auf allen Ebenen (nicht nur der Klempner, auch der Chirurg oder der Buchhalter arbeitet, wann immer es sich anbietet, *in nero*) und auf Einkommen aus kriminellen Aktivitäten (Drogenhandel, Zigarettenschmuggel, Prostitution, Bestechung). Hier deutet sich eine Erklärung dafür an, dass es den Italienern gelingt, einen so wohlhabenden Eindruck zu machen, obwohl ihr Land beständig am Rande des Bankrotts entlangschrammt.

>> **Den Italienern gelingt es, einen wohlhabenden Eindruck zu machen, obwohl ihr Land beständig am Rande des Bankrotts entlangschrammt.**

Auf Sicherheit kommt es an

Italiener sind von Fragen der Sicherheit besessen. Kein Wunder, denn Diebstahl und Wohnungseinbrüche sind allgegenwärtig, vor allem in den Großstädten, wo Taschendiebstahl, Handtaschenräuberei und sonstige Eigentumsdelikte so sehr an der Tagesordnung sind, dass sich schon keiner mehr darüber aufregt. Aus diesem Grund investieren die Italiener in großartige Alarmanlagen und Vorhängeschlösser, um ihre Häuser und Geschäfte in Miniaturfestungen zu verwandeln. Dennoch bleiben Schwachpunkte. Unglaublich aufwendig gesicherte Türen hängen oft an einem lächerlich schwachen

Scharnier und der Autoalarm, der so empfindlich ist, dass schon ein leichter Regenschauer ihn auslösen kann, ist unter Umständen niemals eingeschaltet.

Liebe

Die Liebe wird von den Italienern sehr ernst genommen – 99 % aller Lieder handeln von der Liebe – und man denkt endlos über sie nach und diskutiert über sie, denn was wäre das Leben ohne *amore*?

In tiefschürfenden Erörterungen werden alle wesentlichen Fragen geklärt: Wenn man sich verliebt, welche Auswirkungen hat das auf die Nahrungsaufnahme? Ist Liebe gut für die Gesundheit? Gibt es Liebe ohne Sex? Gibt es Sex ohne Liebe?

》Das Thema Liebe ist unerschöpflich und hält die ganze Nation in Atem.

Gibt es eine allumfassende Liebe? Und was ist mit der freien Liebe? Ganze Fernsehserien widmen sich verliebten Paaren, nicht mehr verliebten Paaren, Paaren, die nach der Liebe suchen, Kindern und Liebe, Senioren und Liebe und so weiter. Das Thema ist unerschöpflich und hält die ganze Nation in Atem.

Ob die Südeuropäer wirklich so feurige Liebhaber sind, sei dahingestellt, die Italiener jedenfalls sonnen sich in dem Ruf, den ihre Vorfahren erworben haben und der sich bei Millionen von Ausländern immer noch hält. Allerdings scheint ihnen das Bestreben, diesem Ruf gerecht zu werden, oft arge Probleme zu bereiten. In langen Zeitungsartikeln werden Statistiken präsentiert, wonach eine große Zahl italienischer

Männer an Impotenz leidet. Zum Glück steht Hilfe bereit in Form von Hochleistungswundermitteln wie Viagra, deren italienische Verkaufszahlen alle Rekorde brechen. Ein Restaurant in Neapel hat sogar eine *„pizza di amore"* auf der Speisekarte, eine Pizza, die zusätzlich zu Käse und Oliven mit Viagra bestreut ist.

> ❱❱ **Ein Restaurant in Neapel hat sogar eine „pizza di amore" auf der Speisekarte, eine Pizza, die zusätzlich zu Käse und Oliven mit Viagra bestreut ist.**

Die meisten Schmähungen und Beleidigungen beziehen sich auf sexuelles Verhalten. Männer unterstellen Frauen lose Sitten, indem sie sie als *puttana* (Hure) bezeichnen. Sind Männer unter sich, ist es die Ehre der Schwester oder Mutter, die gern infrage gestellt wird. Sofern Frauen überhaupt verbal auf Männer losgehen, zielen sie auf deren Männlichkeit ab und beschimpfen sie als schwul, alt oder impotent.

Nichtsdestotrotz lebt die Legende des Latin Lovers fort, unter anderem befeuert durch solch tröstliche Zeitungsberichte wie dem, dass italienische Kondome einen halben Zentimeter länger seien als die, die in anderen Ländern Verwendung finden.

Untreue

Mit der Liebe verbunden ist eine weitere nationale Obsession, die Untreue. Untreue, oder genauer gesagt die Angst, der andere könne untreu sein, ist das, was die Leidenschaft in der Beziehung am Leben erhält, und was wäre schließlich Liebe ohne Leidenschaft?

Zeitschriften wie die italienische Cosmopolitan warten regelmäßig mit Enthüllungsstorys auf, in denen behauptet wird, eine große Zahl italienischer Männer würde ihre Ehefrauen betrügen und umgekehrt. Dessen ungeachtet ist Untreue immer noch ein Spiel mit dem Feuer: Aufgebrachte Väter, Brüder, Onkel und Vettern haben wenig Hemmungen, die Familienehre notfalls unter Einsatz von Gewalt zu bewahren. Italiener sind berühmt für *la vendetta,* und so manche Blutfehde wird über Generationen weitergetragen oder zumindest so lange, bis der ursprüngliche Anlass längst vergessen ist.

>> **Aufgebrachte Väter, Brüder, Onkel und Vettern haben wenig Hemmungen, die Familienehre notfalls unter Einsatz von Gewalt zu bewahren.**

Privilegien

Viele Italiener haben besondere *privilegi,* gehören einer privilegierten Gruppe an oder wohnen in einer Gegend, wo sie wenig oder keine Steuern zahlen. Halbautonome Regionen wie das Aostatal sind relativ zufrieden damit, italienisch zu bleiben, solange sie von der Zentralregierung weiterhin riesige Zuschüsse erhalten und beispielsweise der Benzinpreis lediglich ein Viertel dessen beträgt, was im übrigen Italien zu zahlen ist.

Parlamentsabgeordnete in Italien ebenso wie die italienischen Abgeordneten des Europaparlaments werden, wohin sie auch kommen, bevorzugt behandelt. Die gleichen Privilegien genießen aber auch alle Amtsträger, die Macht und Einfluss ausüben, vom Rat der Gemeinde bis hin zum örtlichen Polizeichef. *Le autorità* (Würdenträger vor Ort) können sich darauf verlassen, dass bei allen Anlässen, die wirklich zählen – wichtige Fußballspiele oder Konzerte –, stets die besten Plätze für sie reserviert sind.

Politik

Regierung

Italiener haben keine Beziehung, geschweige denn ein Gefühl der Verbundenheit, zu ihrer Regierung, die sie als fremde, gar feindselige Organisation empfinden, immer gierig nach Steuern, die dann in die Taschen derjenigen Machtclique wandern, die gerade am Ruder ist. Nützlich ist sie allenfalls, um als Sündenbock für die Probleme

>> **Nützlich ist die Regierung allenfalls, um als Sündenbock für die Probleme des Landes herzuhalten.**

des Landes herzuhalten. Diese Einstellung wird in einer altbekannten politischen Karikatur treffend dargestellt: Ein Mann steht in seiner Haustür und blickt hinaus in den strömenden Regen. In der Bildunterschrift heißt es: „Es regnet. Eine einzige Gaunerbande, diese Regierung."

Italien hat seit Beginn der Ersten Republik 1946 mehr als 62 Regierungen verbraucht, doch bis zum Jahr 1994 wurde die Politik im Grunde von einer einzigen Partei dominiert, den Christdemokraten, die sich mithilfe wechselnder Koalitionen immer an der Macht hielten. *Cambio di governo* bezeichnete weniger einen Regierungswechsel als schlicht und einfach eine Kabinettsumbildung. Da stets von vornherein feststand, wer die kommende Wahl gewinnen würde, gewöhnte sich die Mehrheit der Italiener daran, auf der Seite der Sieger zu stehen. Die gegenwärtige Verunsicherung im politischen Leben Italiens hat viel damit zu tun, dass niemand mehr genau weiß, welches die Siegerseite ist.

Politiker

Italien ist ein Land, das zu überleben scheint, obwohl seine Politiker hart daran arbeiten, es zu ruinieren. Die Italiener betreben das Spiel der Politik mit viel Leidenschaft, doch das Ziel des Spiels ist für Außenstehende oft schwer zu durchschauen. Eine der Grundregeln

>> **Italien ist ein Land, das zu überleben scheint, obwohl seine Politiker hart daran arbeiten, es zu ruinieren.**

italienischer Politik besagt, dass nichts von dem, was gesagt wird, wörtlich zu nehmen ist, und es ist eine Kunstform für sich, die Reden der führenden Politiker zu dechiffrieren.

Politik durchdringt alle Lebensbereiche, in jeder Betriebs- oder Aufsichtsratsversammlung können sich Spannungen entladen. Die hitzigste Debatte von allen entzündet sich meist bei den in jedem Mehrfamilienhaus alljährlich abgehaltenen Eigentümerversammlungen, den *riunione di condiminio*. Da geht es voll zur Sache, wenn Verwalter und Wohnungsbesitzer sich stundenlang über der Frage in den Haaren liegen, ob die Außenfassade erneuert werden sollte oder nicht. Wer eine solche Versammlung ohne größere Schäden durchgestanden und vielleicht sogar Vergnügen daran gefunden hat, der ist wahrlich bereit für größere Aufgaben und könnte der neue aufgehende Stern am italienischen Politikerhimmel werden. Italienische Politiker gehören zu den bestbezahlten der Welt und auch wenn sie in der Öffentlichkeit gern übereinander herfallen, tun sie sich im Stillen oft zusammen, um ihre Standesinteressen zu verteidigen. Und zwar so nachdrücklich, dass sie in der Regel jeden Reformversuch schadlos überstehen, nicht nur weiter im Vollbesitz all ihrer Privilegien, sondern obendrein mit einer hübschen Erhöhung der Bezüge.

》 Die Machtkämpfe, die politische Korruption und der Klientelismus, die das Römische Reich plagten, sind auch im zeitgenössischen Italien gesund und munter.

Es ist diese Fähigkeit zum Überleben, dem sie den Beinamen „*la casta*" (die Kaste) verdanken.

Die Politiker von heute verhalten sich nicht viel anders als ihre Vorgänger im Altertum. Die Machtkämpfe, die politische Korruption und der Klientelismus, die das Römische Reich plagten, sind auch im zeitgenössischen Italien gesund und munter.

Macht und Protektion zu erwerben, darauf kommt es entscheidend an. Eine sizilianische Redensart besagt: „*Comandare è meglio di fottere*" („Führen ist besser als bescheißen"), doch perverserweise ist es italienischen Politikern oft wichtiger, die Projekte ihrer Rivalen zu zerstören, als selbst etwas Konstruktives in Gang zu bringen.

Leider (oder vielleicht doch zum Glück?) lässt sich das italienische Volk, genau wie einst der römische Pöbel, immer noch mit „Brot und Spielen" bei Laune halten, und das wissen und darauf setzen die Machthaber. Es ist kein Zufall, dass Italien eine der besten Fußball-Ligen der Welt besitzt (jedenfalls war das bis vor einigen Jahren so). Meisterschaftsspiele, in denen die teuersten Fußballspieler der Welt aufeinandertreffen, sind an die Stelle der Gladiatorenkämpfe und Vorführungen im Kolosseum getreten.

Links oder rechts

Schon immer haben die Namen, unter denen die politischen Parteien Italiens firmieren, eher für Verwirrung als für Orientierung gesorgt. So waren die Liberalen nie sehr liberal, die Sozialisten nicht sonderlich sozialistisch, die Kommunisten definitiv nicht kommunistisch und die Christdemokraten weder ausgesprochen christlich noch besonders demokratisch.

>> **Die Liberalen waren nie sehr liberal, die Sozialisten nicht sonderlich sozialistisch, die Kommunisten definitiv nicht kommunistisch und die Christdemokraten weder ausgesprochen christlich noch besonders demokratisch.**

Vor allem auf der linken Seite des politischen Spektrums macht man sich ständig Gedanken darüber, was als rechts- und was als linksorientiert bezeichnet werden sollte. Hitzige Debatten entzünden sich an der Frage, ob Bodybuilding rechts oder die Beschäftigung einer Haushaltshilfe links sei, und werden kaum durch die steigende Erkenntnis beruhigt, dass beides einerlei ist. Und letzten Endes folgen die Italiener ungeachtet ihres stolzen Individualismus dann doch dem Herdeninstinkt. Es war einer der ihren, nämlich der Journalist Indro Montanelli, der sie als *„pecore indisciplinate"* (undisziplinierte Schafe) charakterisierte.

Bürokratie

Alle Italiener halten langwierige bürokratische Verfahren für unverzichtbar, aber natürlich für *gli altri,* nicht für einen selbst! Würde man die anderen Italiener solchen Verfahren nicht unterziehen, würden sie sicherlich jede Menge Unfug anstiften. Hinzukommt, dass mächtige Interessen in die italienische Bürokratie hineinwirken, man also nicht damit rechnen sollte, dass sich in absehbarer Zeit irgendetwas ändert. Der italienische Staat erzielt enorme Einkünfte aus dem Umstand, dass für viele Verwaltungsakte und Rechtsverfahren *carta bollata* (abgabepflichtige, mit offiziellem Stempel versehene Dokumente) erforderlich sind, und zudem halten die damit verbundenen Abläufe

>> **Wäre der bürokratische Prozess nicht so lang, wie er ist, hätte es ja gar keinen Sinn, ihn zu umgehen.**

Hunderttausende von Staatsdienern in Lohn und Brot. Je langwieriger der bürokratische Prozess, desto größer die Zahl der daran beteiligten Personen. Außerdem, wäre dieser Prozess nicht so lang, wie er ist, hätte es ja gar keinen Sinn, ihn zu umgehen, und Tausende von *galoppini* (inoffizielle Dienstleister, die darauf spezialisiert sind, bürokratische Abläufe zu beschleunigen) hätten keine Beschäftigung mehr.

Es gibt so viele Gesetze und ministerielle Erlasse (man hat errechnet, dass ein italienischer Bürger, wollte er sich immer gesetzeskonform verhalten, ungefähr 800.000 Vorschriften kennen müsste), die zudem so vielfältig, kompliziert und teilweise widersprüchlich sind, dass ihre strikte Anwendung den Verwaltungsapparat mehr oder weniger lahmlegen müsste.

Und weil sogar niedere Beamte in Italien die Macht haben, Anträge oder Verfahren zu bewilligen, abzulehnen oder zu verzögern, begegnet man ihnen mit viel Respekt und Höflichkeit, vor allem, wenn sie eine Uniform tragen. Umgekehrt „verschmelzen" die Amtsträger, wenn sie eine Uniform tragen, mit ihrer Funktion und erwarten, mit jener Ehrerbietung behandelt zu werden, die in Nordeuropa gekrönten Staatsoberhäuptern vorbehalten ist.

Im Umgang mit der italienischen Verwaltung ist taktisches Geschick erforderlich. Wenn man sie falsch anspricht, werden die Beamten sofort bockig und unternehmen wenig oder gar nichts, um das Anliegen des Besuchers voranzubringen. Geht man jedoch auf italienische Weise auf sie zu, sind sie flexibel genug, um eine Lösung zu finden.

》Jeder Bürger weiß, dass das System ihn mit jahrelangen Wartezeiten bestrafen kann, wenn er den falschen Beamten verärgert.

Jeder Bürger weiß, dass das System ihn mit jahrelangen Wartezeiten bestrafen kann, wenn er den falschen Beamten verärgert oder nicht den richtigen Mittelsmann eingeschaltet hat. Beamte können einem das Leben leicht oder schwer machen, je nach Laune. Ein Kalifornier, der an einer italienischen Universität lehrte, wollte selbst einige Seminare belegen. Also wandte er sich an die betreffende Zulassungsstelle, wo man ihm mitteilte, er benötige eine Kopie seines Hochschuldiploms mitsamt einer vom italienischen Konsulat in Los Angeles beglaubigten Übersetzung. Während seines Heimaturlaubs in den Sommerferien besorgte er alle verlangten

Unterlagen und kehrte so ausgerüstet zur Zulassungsstelle zurück. „Ausgezeichnet", beschied man ihm, „jetzt brauchen wir nur noch eine Kopie Ihres Schulabschlusszeugnisses." Alle Einwendungen des Kaliforniers, ohne ein solches Zeugnis hätte er die Universität doch gar nicht besuchen können, stießen auf taube Ohren. Die Zulassungsstelle verlangte, er müsse nach Los Angeles zurückkehren, das Zeugnis beibringen und dessen Übersetzung vom italienischen Konsulat vor Ort beglaubigen lassen. Am Ende sah er sich gezwungen, das zu tun, was er unbedingt hatte vermeiden wollen, nämlich einen seiner dienstälteren Kollegen zu bitten, ihm einen Gefallen zu tun und ihm die Zulassung unter Umgehung der zuständigen Stelle zu verschaffen.

>> **Während Amtspersonen in Italien mit Respekt behandelt werden, gilt dies nicht für öffentliche Plätze und Einrichtungen.**

Während also Amtspersonen in Italien mit Respekt behandelt werden, gilt dies ganz und gar nicht für öffentliche Plätze und Einrichtungen. Der Italiener hat kein Bewusstsein dafür, dass diese Dinge ihm gehören und er sie daher pfleglich behandeln sollte. Sein Haus oder seine Wohnung hält er immer blitzblank sauber, aber er denkt sich absolut nichts dabei, seinen Abfall draußen auf dem Bürgersteig oder der Straße zu verstreuen, denn diese fallen in die Verantwortung des Stadtrats, nicht in seine.

Referenden

Von Zeit zu Zeit sind die Italiener aufgerufen, im Rahmen eines Referendums über wichtige Fragen wie Scheidung, Abtreibung, Atomkraft, den Einsatz von Pestiziden in der Land-wirtschaft und die Zahl der Fernsehsender, die ein einzelner Bürger besitzen darf, abzustimmen. Auf diese Weise haben sie das Gefühl, in den politischen Entscheidungsprozess ein-bezogen zu sein.

Damit das Referendum zu einem Ergebnis führen kann, müssen mindestens 50 % aller Stimmberechtigten daran teil-genommen haben. Obwohl immer mehr Italiener sich Maß-nahmen zum Schutz des stetig schwindenden Bestands an Vö-geln und anderen frei lebenden Tieren wünschen, erbrachte ein

> **»Durch die Referenden haben die Italiener das Gefühl, in den politischen Entscheidungsprozess einbezogen zu sein.**

Referendum zum Thema eine Wahlbeteiligung von lediglich 45 % und damit war eine entsprechende Gesetzesnovelle ab-geschmettert. Ganz im Gegensatz dazu strömte bei anderer Gelegenheit die Wählerschaft in Massen in die Abstim-mungslokale, um sich dafür auszusprechen, dass Filme und Dokumentationen im Fernsehen von Werbung unterbrochen werden dürfen.

Die Mafia

Mafia ist ein Begriff, der weltweit benutzt wird, um zum einen kriminelle Organisationen und zum anderen alle Arten von Machtcliquen zu bezeichnen, sodass man etwa von einer Sportmafia, einer Kunstmafia oder auch von mafiösen Struk-turen in einzelnen Geschäftsbereichen spricht, doch Vorbild und Modell dafür ist immer die italienische Mafia.

„Mafia" ist im Grunde ein Oberbegriff für verschiedene Organisationen, die jeweils über ein genau abgegrenztes Gebiet herrschen, am bekanntesten die Camorra in der Gegend um Neapel, die 'Ndrangheta in Kalabrien (der Spitze des Stiefels), die Sacra Corona Unita in Apulien (dem Absatz) und die Cosa Nostra auf Sizilien. Doch ganz gleich, wie der Name lautet, er bezeichnet immer das organisierte Verbrechen.

Die Mafia in all ihren lokalen Erscheinungen steht seit Jahrhunderten für eine bestimmte Lebensart im Süden Italiens – in vielen Fällen freilich auch für eine bestimmte Todesart. Der Grund für ihren Erfolg ist leicht einzusehen: In Abwesenheit einer effektiven oder als solche auch nur erkennbaren Regierung war sie die einzige Organisation, an die einfache Leute sich wenden konnten, wenn sie, sagen wir, eine Arbeits- oder Heiratserlaubnis brauchten.

》 Die Mafia steht seit Jahrhunderten für eine bestimmte Lebensart im Süden Italiens – in vielen Fällen freilich auch für eine bestimmte Todesart.

Die meisten Italiener haben Angst vor der Mafia und sind gleichzeitig von ihr fasziniert. Sie wissen, dass die Fühler ihrer Macht bis in die höchsten Kreise von Politik und Wirtschaft reichen. Die Spezialität der Mafia war es von jeher, Angebote zu machen, die man nicht ablehnen kann, in dem Wissen, dass alles und jeder seinen Preis hat. Sie wissen auch um den strikt befolgten Kodex der *omertà* (Verschwiegenheit), der die Mafia praktisch unbesiegbar erscheinen lässt: Jedes Mal, wenn es gelingt, einen ihrer Arme abzuschlagen, wachsen wie bei der Hydra andere nach, stärker noch als alle vorigen.

Die Mafia wird als Krebsgeschwür betrachtet, das den Staat nach und nach auffrisst. Die Italiener müssen damit leben, mit diesem Staat im Staate, müssen ihr Land mit ihm teilen wie seit eh und je. Und doch glauben sie insgeheim, dass früher oder später ein Heilmittel gefunden werden wird, das dann nur noch, wie bei der Behandlung eines Tumors, richtig eingesetzt werden muss, um die Krankheit zu besiegen.

In sich ist die Mafia immer wieder gespalten und die verschiedenen Familien tragen ihre Machtkämpfe mit altehrwürdigen Methoden aus. Männer in dunklen Anzügen mit Geigenkästen im Arm stürmen noch immer in Friseurläden in den Seitengassen Palermos und mähen die Bosse der rivalisierenden Clans nieder. Zum Glück

>> **Männer in dunklen Anzügen mit Geigenkästen im Arm stürmen noch immer in Friseurläden in den Seitengassen Palermos.**

wird der gewöhnliche Italiener mit solchen Geschehnissen allenfalls in Form der packenden aktuellen Folge einer der überaus populären Fernsehserien konfrontiert, die das organisierte Verbrechen in Italien thematisieren, etwa *Distretto di Polizia* (Polizeirevier).

Freizeit & Vergnügen

Die Italiener genießen das Leben in vollen Zügen und geben sich seinen Vergnügungen ohne den Hauch eines schlechten Gewissens 24 Stunden am Tag, sieben Tage in der Woche und 52 Wochen im Jahr. Denn darum geht es: Italiener leben nicht, um zu arbeiten, sie arbeiten, um zu leben.

»» Italiener leben nicht, um zu arbeiten, sie arbeiten, um zu leben.

Shoppen

Shopping steht unter den Freizeitaktivitäten ganz obenan. Die Italiener lieben es einfach, shoppen zu gehen. Großartige Handwerker und versierte Schneider bevölkern die Städte und es gibt Unmengen von Läden, die für jeden Geschmack und jede Laune etwas bieten. Der Luxus und die Qualität der Waren in den Schaufenstern der Hauptstraßen sind atemberaubend. Genau wie die Preisschilder. Doch auch wenn es nur die Reichen und Berühmten sind, die die Geschäfte von Prada, Gucci, Armani, Versace, Dolce & Gabbana und Valentino betreten, um tatsächlich etwas zu kaufen, hadern die anderen Italiener nicht, denn sie wissen, dass der Preis der ausgestellten Ware sich noch sehr verändern kann, vor allem, wenn sie früher oder später im Ausverkauf oder auf dem Straßenmarkt wieder auftaucht.

Shopping ist ein anerkanntes Vergnügen, besonders auf Märkten, wo man echte Schnäppchen abstauben kann, allerdings sollte man sich nicht allzu hartnäckig für die Herkunft der Ware interessieren. Was spielt es da für eine Rolle, ob das todschicke kleine schwarze Cocktailkleid von Moschino, das

einem für 50 Euro angeboten wird, dasselbe ist wie jenes, das man gestern auf der Via Veneto als Sonderangebot für 900 Euro

❯❯ In Geschäften wird geradezu erwartet, dass der Kunde nach einem Rabatt fragt.

gesehen hat? Hauptsache, es passt! Klar, es ist das eigene Risiko und das echte Schnäppchen könnte sich ohne Weiteres auch als echte Fälschung erweisen.

Feilschen ist auf den Märkten durchaus zulässig und in den Geschäften wird geradezu erwartet, dass der Kunde nach einem Rabatt fragt. Italiener verkaufen alles und jeden, von der eigenen Großmutter bis zum Schiefen Turm von Pisa – vorausgesetzt natürlich, der Preis stimmt. In Neapel beispielsweise schrauben die Straßenkinder Autofahrern an einer roten Ampel die Nummernschilder ab, um sie ihnen an der nächsten Ampel zurückzuverkaufen, mit einem freundlichen Lächeln und zum Schnäppchenpreis, versteht sich.

Sport

In den letzten Jahren hat das Rugbyspiel enorm an Popularität gewonnen, dennoch bleibt Fußball der mit Abstand wichtigste Sport in Italien. Die Ligaspiele finden am Sonntagnachmittag statt und oft sieht man italienische Männer während des obligatorischen Spaziergangs mit der Familie den Übertragungen lauschen. Wenn die Nationalmannschaft bei Weltmeisterschaften spielt, kommt das öffentliche Leben im ganzen Land zum Stillstand, die regionalen Differenzen sind vergessen und alle sitzen vereint vor den Fernsehern. Radrennen ist die einzige andere Sportart, die auf nationaler Ebene ähnlich ernst genommen wird, und mit gespannter Aufmerksamkeit verfolgt man das Abschneiden der italienischen Teilnehmer am Giro d'Italia und der Tour de France – ungeachtet aller Dopingskandale.

》Radrennen ist die einzige andere Sportart, die auf nationaler Ebene ähnlich ernst genommen wird wie Fußball.

Da nur wenige Schulen über geeignete Anlagen verfügen, wachsen Italiener, vom normalen Sportunterricht mal abgesehen, nicht mit Aktivsport auf und es ist schwierig, überhaupt jemanden zu finden, der ernsthaft Sport betreibt. In den Parks kann man am Sonntagvormittag beobachten, wie glänzend gekleidete Jogger mühelos von jedem halbwegs forsch ausschreitenden Fußgänger überholt werden.

Dennoch gelingt es dem Land, immer wieder Weltmeister und Olympiasieger in den verschiedensten sportlichen Disziplinen hervorzubringen, vom Skilaufen und Fechten bis zum Rudern und Sportschießen, und sowohl die Wettkämpfer selbst als auch die sie anfeuernden Landsleute genießen die Gelegenheit, im Zentrum der Aufmerksamkeit zu stehen, und nutzen sie voll aus.

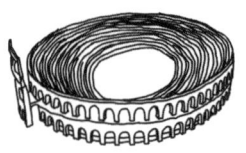

Sinn für Humor

Die Italiener haben einen gesunden Sinn für Humor und können über sich selbst ebenso wie über andere lachen. Aus Respekt vor der Rolle, die sie spielen, ziehen sie es aber vor, die Wirkung nicht durch Unbeschwertheit leichtfertig aufs Spiel zu setzen. In der Öffentlichkeit achten sie sehr darauf, die Würde zu wahren, und wenn es gilt, eine Amtshandlung zu vollziehen, tun sie das mit großer Feierlichkeit und Souveränität. Es ist diese Einstellung, die erklärt, warum kein Jura-Professor seine Vorlesungen mit witzigen Bemerkungen spicken würde. Das hat freilich zur Folge, dass akademische Abhandlungen und Konferenzen in Italien zu den ernstesten und langweiligsten der Welt zählen. Hier und da mag ein diskret verpackter Hauch von Ironie die Ausführungen und Kommentare durchziehen, aber man muss schon sehr genau hinhören, will man ihn nicht verpassen.

》Karikaturisten persiflieren das politische Geschehen und seine Protagonisten mit beißendem Spott.

Karikaturisten persiflieren das politische Geschehen und seine Protagonisten mit beißendem Spott. Die politische Karikatur kann ihre besondere Schärfe auch deshalb entfalten, weil der Straftatbestand des *vilipendio* – der Verunglimpfung von Politikern und Amtspersonen durch das geschriebene Wort – die gezeichnete Darstellung nicht einschließt. Die Italiener haben Spaß daran, sich mit den Augen anderer zu betrachten, und besonders geschätzt sind die kernigen Betrachtungen über ihre

Eigenarten, mit denen der Autor und Comiczeichner Altan die italienische Presse regelmäßig von seinem sicheren Beobachtungsposten in Brasilien aus versorgt. Zwei Beispiele dafür:

Zwei Bauarbeiter sitzen mit ihren Origamihüten auf dem Kopf (Bauarbeiter in Italien falten sich aus Zeitungspapier ein Schiff, das sie als Sonnenhut tragen) auf einem Steinstapel und machen Mittagspause. Der eine liest aus einer alten Zeitung vor: „Hier steht, dass die Italiener ein Haufen von Individualisten sind." „Wen kümmert's?", sagt der andere. „Das ist ihre Sache."

Eine Unterhaltung zwischen zwei jungen Frauen, bei der es um die Mätzchen ihrer Liebhaber geht. „Italienische Männer sind schon außergewöhnlich, das muss man ihnen lassen", sagt die eine. „Zweifellos", erwidert die andere. „Ich wünschte nur, sie wären gewöhnlich."

Die Leidenschaft der Italiener, immer ein Auge auf ihre Nachbarn zu haben, spiegelt sich in ihrem Humor wider, der kaum Witze über andere Völker kennt, dafür umso mehr über die anderen Italiener. Zum Beispiel einer, der die Meinung widerspiegelt, die Einwohner von Genua seien noch geiziger als die Schotten:

Nachdem er sich entschlossen hat, ein Bild im Wohnzimmer aufzuhängen, sagt ein Vater aus Genua zu seinem Sohn: „Geh mal zu den Nachbarn und frag, ob sie uns ihren Hammer borgen können." Der Junge kehrt mit leeren Händen zurück. „Sie sagen, es tut ihnen leid, aber sie können ihn nicht finden." „Was für eine verdammte Gemeinheit von ihnen", sagt der Vater. „Na gut, dann geh und hol unseren."

Kultur

Die Italiener haben außerordentlich großen Respekt vor der Kultur. Sie kennen den Wert ihres nationalen Erbes und sind sich bewusst, dass es eine der Hauptquellen des Reichtums ihres Landes ist.

Geld ist seit eh und je eine treibende Kraft in der italienischen bildenden Kunst, aber es ist nicht die einzige. Religion, Schönheitssinn und ein Talent, den Geist eines Ortes zu verstehen, spielen ebenfalls eine wichtige Rolle. Vielleicht an erster Stelle aber steht der den Italienern angeborene Stolz darauf, Schönes zu erschaffen. In Italien muss eine Sache nicht unbedingt

❯❯ In Italien muss eine Sache nicht unbedingt gut funktionieren, sie muss auch nicht unbedingt lange halten, aber sie muss gut aussehen.

gut funktionieren, sie muss auch nicht unbedingt lange halten, aber sie muss gut aussehen. Und wenn sie schön ist, dann wird der Italiener sich alle Mühe geben, damit sie auch funktioniert und lange hält. Das ist die Gemeinsamkeit zwischen einem Kleid von Valentino, einem Auto von Pininfarina, einer mundgeblasenen Glasgondel aus einer kleinen Werkstatt auf einer der Inseln in der Lagune von Venedig, einer

Madonna mit Kind am Straßenrand und einem Teller frischer Pasta.

Ein schlagendes Beispiel dafür findet sich sogar außerhalb der Landesgrenzen. Im Zweiten Weltkrieg wurde italienischen Kriegsgefangenen auf den Orkney-Inseln eine Nissenhütte (eine Wellblechhütte) zugewiesen, die sie als Kapelle nutzen durften. Sie schmückten den Innenraum mit großer Hingabe und Sorgfalt, bemalten die Wände mit barocken Trompe-l'oeil-Motiven und verwandelten die schäbige Baracke in ein Kunstwerk. Jedes Jahr zieht dieser durch seine bewegende Geschichte berühmte Ort Zehntausende von Besuchern an.

Melodram

Das italienische Leben war schon immer melodramatisch, woraus sich vielleicht die Popularität der Oper des 19. Jahrhunderts und die der Seifenopern unserer Tage erklärt. Klempner singen bei der Arbeit allseits bekannte Arien und Putzfrauen kratzen die letzten Groschen zusammen, um sich in Schale zu werfen und *La Scala* zu besuchen. Karaoke erlebte in Italien einen unglaublichen Boom, was kein Wunder ist, gibt es doch auch dem Durchschnittsitaliener die Chance, seinem Narzissmus zu frönen und sich zu präsentieren. Was könnte vergnüglicher sein, als sich vor Freunden und Familie die Seele aus dem Leib zu singen?

>> **Klempner singen bei der Arbeit allseits bekannte Arien und Putzfrauen kratzen die letzten Groschen zusammen, um sich in Schale zu werfen und La Scala zu besuchen.**

Fernsehen

Auch wenn sie das Trash-TV vielleicht nicht erfunden haben, so haben die Italiener es doch zu einer Kunstform entwickelt. Sogar das Angebot der drei staatlichen Sender ist mittlerweile so beschaffen, dass man eigentlich nur noch von Schlamperei sprechen kann. Oft starrt der Zuschauer unversehens auf einen leeren Bildschirm, Sendungen beginnen regelmäßig mit Verspätung und immer wieder ist zu beobachten, dass Nachrichtensprecher Texte verlesen, die nicht das Geringste mit den gezeigten Bildern zu tun haben.

>> **Auch wenn sie das Trash-TV vielleicht nicht erfunden haben, so haben die Italiener es doch zu einer Kunstform entwickelt.**

Das Programm setzt sich überwiegend aus Filmen, Zeichentrick und Soaps zusammen, die importiert und synchronisiert wurden. Oft fällt die Synchronisation sehr eigenwillig aus: So wurde in der Liebesszene des Films *Ein Fisch namens Wanda* sogar das russische Kauderwelsch von John Cleese, dessen reiner Klang Jamie Lee Curtis in einen Zustand hemmungsloser Erregung versetzt, ins Italienische übertragen.

Andererseits ist der erstaunliche Erfolg zweitklassiger amerikanischer Seifenopern großenteils wohl der leidenschaftlichen italienischen Synchronisation zu verdanken, in der die schlechte Qualität der Originaldialoge überdeckt wird. Die italienische Version von *Reich und Schön* sorgte dafür, dass die kaum bekannten amerikanischen Hauptdarsteller in Italien Kultstatus erlangten und inzwischen prominenter sind als manch ein Mitglied der Regierung.

Die meisten heimischen Produktionen sind „Varietéshows", die sich an „die ganze Familie" richten, und da italienische Kinder in der Regel auch abends um halb elf noch putzmunter sind, ziehen diese Sendeabende sich endlos hin, mit der immer gleichen Mischung aus Quiz, Talk und Gewinnspiel, durchsetzt von Gesangs- und Tanzeinlagen sowie Werbung. Die erste italienische Staffel von *Big Brother (Grande Fratello)* war ein Riesenerfolg, aber spätestens mit der neunten oder zehnten war der Reiz des Neuen verpufft und das Interesse ließ spürbar nach. Zu den beliebtesten Sendungen zählen auch die diversen Talkshows, in denen normale Menschen vor aller Welt ihre persönlichen Probleme ausbreiten, die dann in größter Ausführlichkeit disku-

》 Die am häufigsten verhandelten Probleme betreffen nationale Obsessionen wie Liebe und Untreue.

tiert werden. Die am häufigsten verhandelten Probleme betreffen nationale Obsessionen wie Liebe und Untreue, Essen und Gesundheit, Fußball und Sicherheit und je hitziger die Debatte, desto höher offenbar die Einschaltquote.

Alternativen für Familien sind synchronisierte Walt-Disney-Importe oder Natur-Dokus. Wenn es aber um Unterhaltungsmusik geht, dann geben die Italiener bei aller Liebe zu Europa nicht dem Eurovision Song Contest, sondern ihrem eigenen Festival den Vorzug, das alljährlich im Februar in San Remo an der Riviera stattfindet, fast eine ganze Woche dauert und dem Fernsehen Traumquoten beschert.

Andere Sendungen funktionieren nach dem Muster von *Vorsicht Kamera* oder *Verstehen Sie Spaß?*. Hier kann der Zuschauer sich daran ergötzen, wie arglose Mitmenschen in Tränen ausbrechen oder in Wut geraten, nicht ahnend, dass sie dabei von einem Millionenpublikum beobachtet werden. Ein Beispiel aus *Complotto di Famiglia* (Familienverschwörung): Maria begleitet ihren Gatten erstmalig zu einem wichtigen Geschäftsessen. Im Verlauf des Abends wird immer deutlicher, dass die attraktive Gastgeberin im hautengen rosa Hosenanzug Marias Ehemann ungebührlich viel Aufmerksamkeit erweist. Schließlich kommt es so weit, dass sie Maria bittet, ihr ihren Mann „mal kurz auszuleihen". Der Mann scheint damit einverstanden und in der sich anschließenden Szene schäumen die Emotionen über. Leider geht die Sendung zu Ende, ohne dass der Zuschauer verfolgen kann, ob die Ehe von Maria und ihrem Mann noch zu retten ist.

>> **Das Spätabendprogramm ist den Erwachsenen vorbehalten, dort konkurrieren „anspruchsvolle" Filme mit Stripshows.**

Das Spätabendprogramm ist den Erwachsenen vorbehalten, dort konkurrieren „anspruchsvolle" Filme mit Stripshows, in denen Hausfrauen Preise gewinnen können, indem sie sich ausziehen.

Äußerst beliebt sind zudem die Gameshow *Affari tuoi,* die italienische Version von *Deal or No Deal,* und eine Sendung namens *Striscia la notizia,* die sich allabendlich eine halbe Stunde lang damit beschäftigt, Beschwerden von Anrufern entgegenzunehmen und zu prüfen und außerdem eine furios geschnittene und satirisch kommentierte Zusammenstellung aktueller Nachrichten bietet, die von zwei Showgirls präsentiert wird, denen es nur mit Mühe gelingt, während ihrer Tanzeinlagen die ohnehin spärliche Kleidung zusammenzuhalten. So verbindet sich ein gewisser Kitzel mit der täglichen Dosis zweier Dinge, die den Italienern am meisten Spaß bereiten – Machenschaften ihrer Politiker aufzudecken und über die Fehler anderer zu lachen.

Literatur

Italien verfügt über ein großes literarisches Erbe. Zu den berühmtesten Autoren der Vergangenheit zählen Dante, Boccaccio und Ariost, während in jüngerer Zeit Namen wie Primo Levi, Italo Calvino, Elsa Morante, Alberto Maravia, Umberto Eco und Dario Fo Bedeutung erlangt haben. Ihre Werke gelten als „hohe Literatur" und werden als solche hauptsächlich in der Schule gelesen oder bei besonderen Anlässen gewürdigt. Als Alltagslektüre, in der Bahn oder im Bett, dienen den Italienern eher reißerische internationale Bestseller wie die von Wilbur Smith, Danielle Steel und Dan Brown.

》Italien verfügt über ein großes literarisches Erbe.

Einige Genres haben eine Farbkodierung. Gelb steht für Thriller und Kriminalromane, Schwarz für die *cronaca nera*, die Verbrechens- und Unfallmeldungen aus Zeitungen und Zeitschriften, und Rosa für Liebesromane. Die Italiener sind keine großen Leser. Dies mag zum Teil mit dem Bildungswesen zu tun haben, in erster Linie aber wohl mit dem allgegenwärtigen Fernsehen: Es ist nicht leicht, sich auf die Lektüre eines Buches zu konzentrieren, während der Fernseher läuft, und das tut er in vielen Haushalten von frühmorgens bis spät in die Nacht.

Das vielleicht erfolgreichste literarische Genre in dem Land, das der Welt die allseits beliebte Kinderbuchfigur Pinocchio geschenkt hat, ist das Comic. Italiener lieben Comics im Buchformat. Am meisten Spaß haben sie an den erotisch angehauchten Abenteuern ihrer imaginären Helden, etwa des Cowboys Tex Willer, des sexy Modeopfers Valentina und des schrägen Privatdetektivs für gruselige Fälle und unverbesserlichen Schürzenjägers Dylan Dog.

Sitten & Gebräuche

Weihnachten wird traditionell zu Hause im Kreise der Familie gefeiert, Ostern dagegen mit Freunden: *„Natale con i tuoi, Pasqua con chi vuoi.“* (Weihnachten mit den deinen, Ostern mit wem du willst). Der Ostermontag (*Pasquetta* – kleines Ostern) ist allerdings stets einem großen Familienpicknick vorbehalten. Auch wenn es am Ostermontag oft regnet (nachdem das Wetter sich mit dem Ostermond verändert hat), das Picknick wird nur in ganz seltenen Fällen abgesagt! Alle italienischen Städte und Dörfer feiern ihren eigenen Heiligentag. In Mailand nimmt man sich für den heiligen Ambrosius frei, in Turin für Johannes, in Neapel für Januarius und in Rom für Petrus.

> **》 Alle italienischen Städte und Dörfer feiern ihren eigenen Heiligentag.**

Vielerorts gibt es auch eine *sagra* oder Festspielwoche, die einem Komponisten gewidmet sein kann, der Kulinarik, einem Sportereignis oder einem Preis, der nach einem ortsansässigen Dichter oder Politiker benannt ist. Manche Feste finden im großen Rahmen statt, etwa das berühmte *palio* (Pferderennen) in Siena, meist aber sind es lokal begrenzte Ereignisse, bei denen die Einwohner sich die Muße nehmen, das zu tun, was Italienern am meisten Freude macht, nämlich bei einem guten Glas Wein gut zu essen, ganz entspannt und in netter Gesellschaft.

》 Den Jahresurlaub nimmt man im August, wenn das Stadtleben in der Sommerhitze unerträglich wird. Die Urlauber geben sich alle Mühe, die Hektik und den Trubel des Stadtlebens an den Strand zu verlegen.

Den Jahresurlaub nimmt man meistens im August, wenn die Fabriken im Norden schließen, weil das Stadtleben in der Sommerhitze unerträglich wird. Die meisten Familien fahren zur Abkühlung in die Berge oder ans Meer. Die Zurückgebliebenen allerdings bekommen Probleme, denn da auch die meisten Geschäfte schließen, wird es schwierig, sich mit dem Lebensnotwendigen zu versorgen, während auf der anderen Seite die Urlauber sich alle Mühe geben, die Hektik und den Trubel des Stadtlebens an den Strand zu verlegen.

Zu den wichtigen Feiertagen gehören in Italien auch der 8. März, an dem Frauen einander gelbe Mimosen schenken und den Internationalen Frauentag zelebrieren, der 1. Mai, den die eine Hälfte des Landes mit Kommunionsfeiern à la Don Camillo und die andere Hälfte mit Arbeiterumzügen à la Peppone begeht, und der 1. November (Allerheiligen), an dem viele Italiener ihrer Ahnen bei einem Friedhofsbesuch gedenken, in stiller Andacht vor den Etagengräbern, in denen die Toten ruhen, einer über dem anderen, so wie in einem Aktenschrank.

Die Tage vor Aschermittwoch, wenn die Fastenzeit beginnt, sind den Karnevalsfeiern (abgeleitet vom lateinischen *carnem levare* – wörtlich: „Fleisch wegnehmen") mit zahlreichen Kostümumzügen und Partys gewidmet, die ihren Höhepunkt bei den Festivitäten des Faschingsdienstags *(Martedì Grasso)* erreichen, am größten und bekanntesten die in Venedig und Viareggio. Der italienische Karneval lässt sich auf heidnische römische Feste zurückführen, die Saturnalien und Luperkalien. Für die einen ist

>> **Die Tage vor Aschermittwoch, wenn die Fastenzeit beginnt, sind den Karnevalsfeiern mit zahlreichen Kostümumzügen und Partys gewidmet.**

der Karneval die Zeit, in der man sich als Harlekin oder Pulcinella verkleidet oder die Kinder in Kostüme steckt, um mit ihnen zum Umzug oder zur Kirmes zu gehen, für die anderen bietet er einen wunderbaren Vorwand, um mal so richtig über die Stränge zu schlagen.

Aber die italienischen Traditionen sind nicht unveränderlich in Stein gemeißelt, in den vergangenen Jahren hat zum Beispiel Halloween große Popularität erlangt: Ausgehöhlte Kürbisse grinsen einem aus den Schaufenstern entgegen und ganze Wohnviertel werden von kleinen Hexen und Zauberern erobert.

Die katholische Kirche

Die Italiener bilden sich gern ein, Italien sei ein katholisches Land, obwohl sie der Geistlichkeit mit wenig Respekt begegnen und sich kaum um päpstliche Anordnungen kümmern, etwa die zur Schwangerschaftsverhütung (trotz der Haltung des Vatikans weist Italien die niedrigste Geburtenrate in Europa auf, mit einem Durchschnitt von 1,2 Kindern pro Familie). Das Verhältnis der Italiener zur Religion ist ein durchaus zwiespältiges.

Welche Rolle die katholische Kirche im zeitgenössischen Italien tatsächlich spielt, ist jedoch mit Zahlen schwer zu fassen. Oberflächlich gesehen, scheint ihre Macht zu schwinden, aber in Realität mag ihr Einfluss stärker sein denn je. Spürbar ist er jedenfalls in jedem Kreis, jeder Gemeinde.

>> **Die Italiener bilden sich gern ein, Italien sei ein katholisches Land, obwohl sie der Geistlichkeit mit wenig Respekt begegnen.**

Papst Johannes Paul II. hatte gerade in der italienischen Jugend eine große Anhängerschaft wie sich im Sommer des Milleniumsjahres zeigte, als ungefähr eine Million junger Leute auf einem großen Feld zusammenströmte, um ihn die Messe lesen zu hören und gemeinsam ein paar Hymnen zu singen. Trotz sengender Hitze und obwohl sie stundenlang hatten warten müssen, waren sich alle einig, einem wahrhaft denkwürdigen Ereignis beigewohnt zu haben, viel unterhaltsamer als die meisten Rockkonzerte. Johannes Pauls deutscher Nachfolger Joseph Ratzinger genoss trotz seiner Nationalität allgemeinen Respekt – schließlich sind die Italiener, wie ein einheimischer Journalist kommentierte, im tiefsten Herzen doch Christen, ob sie zur Kirche gehen oder nicht. Doch alle Hochachtung vor seiner päpstlichen Würde konnte nicht verhindern, dass einige der spektakulärsten Feuerwerksartikel für Silvester als *ratzingers* bezeichnet wurden (das italienische Wort für „Raketen" lautet *razzi).*

Religion soll sichtbar sein, man möchte sie anfassen können, daher sind Bilder der Madonna, des Papstes, lokaler Heiliger und von Fußballstars überall zu finden – an öffentlichen Orten, in den eigenen vier Wänden und sogar auf dem Computerbildschirm.

》》 Religion soll sichtbar sein, man möchte sie anfassen können.

Der Papst *(il Papa)* ist Italiens einziges gekröntes Staatsoberhaupt, daher rufen seine offiziellen Besuche italienischer Städte ein viel größeres Interesse und viel mehr Aufregung hervor als die Besuche des Staats- oder des Ministerpräsidenten. Er ist die einzige Führungsfigur in Italien, die mit ihren Fans ein Stadion füllen kann, und der einzige Besucher, für den *le autorità* sich ins Zeug legen, um einen guten Eindruck zu machen, indem sie etwa die Stadionwände schnell noch weiß übertünchen lassen, damit keine anstößigen Graffiti die Augen seiner Heiligkeit beleidigen.

Aberglaube

Die Italiener haben Angst vor Gegenständen, Ereignissen, einem bestimmten Verhalten und (besonders) vor Menschen, von denen sie glauben, sie würden oder könnten ihnen Unglück bringen. Viele schützen sich, ihre Autos und ihre Häuser mit allerlei Gebeten und Amuletten und geben obendrein viel Geld aus, um eine ganze Phalanx von Astrologen, Hexen und Scharlatanen zu Rate zu ziehen, als eine Art Versicherungspolice gegen den „bösen Blick".

Aus dem Aberglauben lässt sich allerdings auch praktischer Nutzen ziehen. Ein Italiener träumte, er würde mit Papst Johannes XXIII. zusammensitzen und eine alte Langspielplatte hören, die mit 33 Umdrehungen pro Minute abgespielt wird. Nach dem Aufwachen erzählte er einer Nachbarin von dem Traum. Ihre erste Reaktion war: „23 und 33. Auf diese Zahlen werde ich morgen in der Lotterie setzen."

>> **Viele Menschen beobachten den Zyklus des Mondes sehr aufmerksam, auch wegen seiner Bedeutung für die Haltbarkeit von Speisen und Getränken.**

Die Zahl 13 gilt bei einigen als Glückszahl, bei anderen aber als Unglückszahl und eine Katze hat in Italien nur sieben Leben, nicht neun. Hingegen wird die Zahl 17 als besonders unglückbringend angesehen: Die plausibelste Erklärung dafür lautet, dass sie, als römische Ziffer XVII ausgeschrieben, ein Anagramm von vixi darstellt, lateinisch für „ich habe gelebt", woraus man schließen könnte, dass ich jetzt nicht mehr lebe.

Viele Menschen beobachten den Zyklus des Mondes sehr aufmerksam, nicht nur wegen seines Einflusses auf Körper und Geist des Menschen, sondern auch wegen seiner Bedeutung für Aussaat und Ernte und die Haltbarkeit von Speisen und Getränken. Wein sollte immer unter dem richtigen

Mond in Flaschen gefüllt werden; trinken kann man ihn glücklicherweise unter egal welchem Mond.

Ob Kirchengänger oder nicht, wenn es um Wunder geht, erliegen alle Italiener der Faszination ungelöster Rätsel. Als im Frühjahr 1995 eine gewöhnliche, aus Massenproduktion stammende Madonnenstatue, die in Civitavecchia in einem Garten hinter einem Haus stand, plötzlich blutige Tränen weinte, beteiligte sich die gesamte Nation an der anschließenden Diskussion („Warum hat der Bischof das Wunder anerkannt, bevor der Vatikan sich dazu äußerte?" „Warum war es männliches Blut?" etc.) und sowohl die Behörden als auch der Handel stellten sich bereits auf den zu erwartenden Massenandrang der Pilger ein. Am Ende

>> **Reliquien und Wunder halten die Gläubigen bei der Stange. Besser noch, sie sind auch gut fürs Geschäft.**

jedoch behielt der gesunde Menschenverstand die Oberhand und nur eine Handvoll von Ortsansässigen ließ sich am Schauplatz des Geschehens blicken.

Gleichwohl sprechen wir hier von dem Land mit den eindrucksvollsten Reliquienschreinen der gesamten Christenheit; dem Land des Paters Pio; dem Land, wo sich das in Neapel aufbewahrte, getrocknete Blut des heiligen Januarius seit 1389 dreimal im Jahr verflüssigt. Sicher, es sind genug Bruchstücke des wahren Kreuzes im Umlauf, um daraus eine Basilika zu bauen, und die heilige Eulalia (die Amme Christi) muss gut und gern 13 Brüste gehabt haben, aber Reliquien und Wunder halten die Gläubigen bei der Stange. Besser noch, sie sind auch gut fürs Geschäft.

The Eat-alian Way

Die Italiener sind ein Volk von Feinschmeckern. Ein Großteil ihres Lebens dreht sich um den Anbau, den Kauf, die Zubereitung und, vor allem, den Verzehr von Lebensmitteln. Nach Möglichkeit speist man in geselliger Runde. Das englische Wort „*company*" (Gesellschaft) leitet sich von zwei italienischen Wörtern ab: *con* (mit) und *pane*

>> **Die Italiener sind ein Volk von Feinschmeckern.**

(Brot) – ein Hinweis auf das freundschaftliche Brechen des Brotes.

Doch beim gemeinsamen Essen geht es um mehr, als nur das Brot zu brechen, denn was die Zusammenstellung einer anständigen Mahlzeit betrifft, kennt der Enthusiasmus der Italiener keine Grenzen. Als Erstes kommen die *antipasti* (Vorspeisen), in der Regel mindestens fünf, dann der erste Gang (der *primo),* bei dem verschiedene Nudel- oder Reisgerichte zur Auswahl stehen, als Nächstes der Hauptgang *(secondo),* Fisch oder Fleisch mit Gemüsebeilage *(contorno),* dann ein wenig Käse und schließlich der Nachtisch *(dolce),* gefolgt von einem Espresso *(caffè).* So eine Mahlzeit kann ohne Weiteres zwei bis fünf Stunden in Anspruch nehmen. War es ein Mittagessen, kann man sich immerhin ein paar Stunden erholen, bevor es dann ans Abendessen geht.

Lebensmittel

Die Italiener legen seit jeher Wert auf Qualität und reservieren die besten Lebensmittel für sich. Italien ist noch immer ein Agrarland und seine Kleinbauern *(i contadini),* die enormen Einfluss in der Gemeinde besitzen, sind überaus praktische Menschen. Sie kümmern sich wenig um EU-Richtlinien, betreiben ihren Anbau auf seit Jahrhunderten bewährte Weise und haben stets wunderbare Erzeugnisse vorzuweisen. Viele Stadtbewohner haben Verwandte auf dem Land, die sie mit Spezialitäten aus eigenem Anbau und eigener Produktion versorgen. Der Salat und der Wein, die zu Ehren eines Gastes auf den Tisch kommen, sind unter Garantie etwas Besonderes, jeder Schluck und jeder Bissen ein unvergesslicher Hochgenuss.

In Italien bekennt man sich zum Wechsel der Jahreszeiten, die jede ihre eigenen Köstlichkeiten bietet. Die ganze Familie beteiligt sich daran, im Spätsommer die Tomaten einzukochen, um *passata di pomodoro* herzustellen, im September auf Pilzsuche zu gehen, im Oktober

》》Die ganze Familie beteiligt sich daran, im Spätsommer die Tomaten einzukochen, um passata di pomodoro herzustellen.

Trauben zu pflücken und im März die erlesenen jungen Löwenzahnblätter zu sammeln, die dem Salat einen zusätzlichen Pfiff verleihen.

Das Geheimnis der italienischen Küche liegt nicht allein darin begründet, dass die Zutaten frisch und von hoher Qualität sind, sondern auch darin, dass die meisten Italiener, ob Mann oder Frau, ausgezeichnete Köche sind. Sie lernen das Kochen bereits in jungen Jahren und schon ein flüchtiger Blick in italienische Kochbücher verrät, dass die Autoren bei ihren Lesern solide Grundkenntnisse voraussetzen. Italieni-

sche Rezepte sind viel weniger präzise als zum Beispiel englische oder amerikanische, es gibt keine Anweisungen nach
dem Motto „fügen Sie vorsichtig 150 g von diesem hinzu"
oder „gießen Sie langsam einen Viertelliter von jenem hi-
nein". Sie erklären stattdessen „nehmen Sie eine Prise hier-
von" oder „ein paar Tropfen davon".

Bei aller Bewunderung für vieles, das aus Amerika kommt,
zeigen die Italiener einigen der kulinarischen Besonderheiten
von dort eine bemerkenswert kalte Schulter. Coca-Cola und
Hamburger sind durchaus in den Speiseplan aufgenommen
worden, Erdnussbutter und gebackene Bohnen dagegen nicht.

»» Die Marketing-Abteilung von McDonald's tut sich in Italien verdammt schwer, ein Rezept gegen die Slow-Food-Bewegung zu finden.

Für Frühstückscerealien wird zwar viel geworben, offenbar
jedoch ohne großen Erfolg. Und die Marketing-Abteilung
von McDonald's tut sich in Italien verdammt schwer, ein Rezept gegen die überaus erfolgreiche Slow-Food-Bewegung zu
finden.

Getreide, Trauben und Grappa

Im Konsum von Whisky, insbesondere Malt-Whisky, sind die
Italiener weltweit führend – eine durchschnittliche Bar in Italien bietet eine größere Auswahl als die meisten schottischen
Pubs – und auch Bier ist bei der Jugend zusehends angesagt,
vor allem, wenn es kräftig im Geschmack und importiert ist.
Was aber in der Hauptsache durch die Adern der Nation
fließt, ist Wein.

Die Palette italienischer Weine reicht von tiefdunklen Tischweinen, die im Glas schäumen, bis zu prickelnden, trockenen Weißen. Sie werden meist jung getrunken und überwiegend dort, wo sie produziert wurden, was zur Folge hat, dass viele der besten Weine im Ausland unbekannt sind und man sie deshalb zu vernünftigen Preisen bekommen kann.

Landweine können majestätisch sein oder eher robust, immer aber haben sie ihren eigenen Charakter. Wie es ein Salami-

>> **„Ein Wein ist wie ein Mann: Er kann seine Fehler haben und trotzdem angenehm sein.“**

hersteller vom Dorf einmal formulierte, als er sich einen *vino nero* aus der Region zu Gemüte führte: „Ein Wein ist wie ein Mann: Er kann seine Fehler haben und trotzdem angenehm sein.“

Im Allgemeinen trinken die Italiener nur zum Essen, was aber nicht bedeutet, dass sie sich kasteien. Dem Mahl geht ein *aperitivo* voraus und jeder Gang wird von einem anderen Wein begleitet, wobei ein roter Schaumwein für den Nachtisch reserviert ist.

Unglücklicherweise ist der menschliche Magen auf Völlereien dieses Ausmaßes nicht eingerichtet und so haben die Italiener ein paar raffinierte Methoden ersonnen, ihrem Verdauungsapparat auf die Sprünge zu helfen. Während der gesamten Mahlzeit trinken sie Mineralwasser und haben zum Schluss noch die Wahl zwischen allerlei teuflisch schmeckenden Arzneimitteln, die unter dem Namen *digestivi* antreten. Vielleicht entscheiden sie sich aber auch für einen feurigen *grappa,* in der Hoffnung, ihre Innereien anzuregen.

Trotz solcher Vorsichtsmaßnahmen ist der italienische Verdauungstrakt von der Schwerstarbeit, die ihm ständig abverlangt wird, oft überfordert und tritt daher in Streik – Verstopfung ist ein weitverbreitetes Übel. Die in anderen Ländern üblichen Gegenmittel werden mit Argwohn betrachtet, so weigern sich die Italiener etwa, wie die Deutschen Vollkornbrot oder wie die Amerikaner ballaststoffreiche Cerealien zu essen, so wie sie auch ganz und gar nichts davon halten, ihre Essgewohnheiten auch nur minimal zu ändern und beispielsweise einfach etwas weniger zu sich zu nehmen.

Gesundheit

Die geläufigste Krankheit in Italien ist die Hypochondrie. Im Allgemeinen sind die Italiener ein recht gesundes Volk, das sich aber viel mit der Frage beschäftigt, ob es sich nicht noch ein bisschen gesünder fühlen müsste. Zum einen plagt sie der Verdacht, alle Menschen ihrer Umgebung würden sich besser fühlen als sie selbst, zum anderen stellen sie aber auch absurd hohe Erwartungen an ihre Gesundheit. Sie machen sich immerzu Sorgen. Könnte dieses Bauchweh auf ein beginnendes Magengeschwür hindeuten? – Dabei vergessen sie, dass sie am Abend zuvor einfach zu viel gegessen haben. Könnte dieser Kopfschmerz der Beginn

» Im Allgemeinen sind die Italiener ein recht gesundes Volk, das sich aber viel mit der Frage beschäftigt, ob es sich nicht noch ein bisschen gesünder fühlen müsste.

eines Gehirntumors sein? – Dabei haben sie am Abend zuvor einfach zu viel getrunken.

Der Italiener ist immer bereit, Freunde und Nachbarn ausführlich über seinen gesundheitlichen Zustand auf dem Laufenden zu halten, der angeregte Wortwechsel, bei dem man im Vorübergehen zufällig Zeuge wird, könnte sich also ebenso gut um Politik wie um Hämorrhoiden drehen. Der Zuhörer mag darüber gar nicht so glücklich sein, aber wenn der Gesundheitsneurotiker gerade keine Freunde oder Nachbarn zur Verfügung hat, so wird er nicht zögern, jeden des Wegs kommenden Fremden in ein Gespräch zu verwickeln.

Ohne mit der Wimper zu zucken, geben die Leute ein Heidengeld wegen ihrer Hypochondrie aus. Wenn der Hausarzt ihnen mitteilt, sie seien kerngesund, gehen sie zu einem privat praktizierenden Spezialisten. Kann der Spezialist nichts feststellen, gehen sie zum nächsten

>> **Wenn der Hausarzt ihnen mitteilt, sie seien kerngesund, gehen sie zu einem privat praktizierenden Spezialisten.**

und immer so weiter, bis sie einen Arzt finden, der bereit ist, ihnen etwas zu verschreiben. Mit dem Rezept ausgerüstet geht es dann in die nächste Apotheke, wo die Sachlage noch einmal ausgiebig diskutiert wird, bevor man das verschriebene Medikament und zusätzlich noch zwei, drei andere kauft, die der Apotheker empfohlen hat, denn man kann ja nie wissen ... Kein Wunder, dass der typische italienische Badezimmerschrank genauso voll ist mit Medikamenten wie eine durchschnittliche Krankenhausapotheke, auch wenn das Verfallsdatum in den meisten Fällen weit überschritten ist.

Zu Problemen kann es kommen, wenn Italiener tatsächlich krank werden. Die Geduld und die kostbare Zeit des Hausarztes haben sie bereits erschöpft und es gibt kaum Spezialisten in der Stadt, die sie noch nicht konsultiert haben. Eine mögliche Lösung ist die Notaufnahme des Krankenhauses. Aber nehmen die einen mit einem eingewachsenen Zehennagel überhaupt auf? Oder würde der Krankenhauschirurg im Eifer des Gefechts vielleicht den falschen Nagel entfernen?

>> **Zu Problemen kann es kommen, wenn Italiener tatsächlich krank werden.**

Immer wieder werden wahre Horrorgeschichten aus den Krankenhäusern berichtet, wie die von dem Franziskanermönch, der sich einen Leistenbruch operieren lassen wollte und nach der Entlassung nur noch seine halbe Luftröhre hatte. Oder die von dem Fußballer, der am falschen Knie operiert wurde. Obwohl sich nicht schlüssig nachweisen lässt, dass italienische Krankenhäuser besser oder schlechter sind als die in anderen Ländern Europas, reisen viele Italiener zur Behandlung lieber nach Frankreich oder in die Schweiz, in dem unerschütterlichen Glauben, dass Krankenhäuser woanders besser funktionieren.

Zahnpflege

Die meisten Italiener sehen mustergültig fit und gesund aus, bis sie den Mund aufmachen. In Italien sind Zahnbehandlungen sehr teuer, daher warten viele, bis sie ernsthafte Probleme bekommen, bevor sie sich entschließen, einen Termin zu machen – was letztendlich nur gut für das Konto des

Zahnarztes ist. Anstatt in regelmäßige Vorsorge zu investieren, verfahren sie mit ihren Zähnen wie mit ihren antiken Denkmälern: einfach so lange nichts tun, bis fast nichts mehr zu retten ist. Wozu soll man sich mit kleinen Zwischenreparaturen abgeben, wenn man auch warten kann, bis es sich wirklich lohnt!

Geschäftsleben

Das italienische Industrie- und Finanzsystem scheint permanent unter den Nachwirkungen großer Skandale zu leiden, etwa im Zusammenhang mit der Pleite der Lebensmittelgiganten Cirio und Parmalat oder dem krachend fehlgeschlagenen Versuch, die Übernahme zweier italienischer Banken durch die Niederländer und Spanier zu

》 Interessengruppen dominieren das politische Leben in Italien, etwa die Kartelle, die über das Finanz- und Bankwesen bestimmen.

verhindern. Nichtsdestotrotz kann der haargenau gleiche Politikansatz aber auch erfolgreich sein, besonders dann, wenn die Maßnahmen im nationalen Interesse zu liegen scheinen und daher von genügend Mitgliedern von *la casta* unterstützt werden.

Interessengruppen dominieren das politische Leben in Italien, etwa die Kartelle, die über das Finanz- und Bankwesen bestimmen, oder die gildenartig organisierten Handels- und Berufsverbände, die Anwälte wie Buchhalter und Ingenieure wie Taxifahrer vertreten und dafür sorgen, dass ihre Monopole und Privilegien erhalten bleiben. Auch die Gewerkschaften sind wild entschlossen, die Interessen ihrer zusehends alternden Mitglieder (über 50 % der Mitglieder der CGIL, Italiens größter Gewerkschaft, sind Rentner) zu wahren. All diese mächtigen Interessengruppen schicken ihre eigenen Lobbyisten ins Gefecht und wenn sie sich, was oft genug geschieht, zusammenschließen, um ihre Privilegien zu verteidigen, machen sie jede ernsthafte Reformpolitik praktisch unmöglich.

In Italien wird der private Sektor von wenigen führenden Familien beherrscht, zum Beispiel den Familien Agnelli (Autos), Pirelli (Reifen), Del Vecchio (Brillen), Della Valle (Schuhe), Berlusconi (Fernsehkanäle) und Benetton (Kleidung). Obwohl ihre Firmen im Grunde riesige Konglomerate mit breitgefächerten Interessen darstellen, werden sie als Familienunternehmen geführt und nicht als multinationale Konzerne. Durch ein ausgeklügeltes System gegenseitiger Beteiligungen arbeitet man daran, dass der Einfluss der Familie gesichert bleibt. In keinem anderen Land der westlichen Welt gibt es eine derartige Konzentration von Macht.

>> **Der Erfolg der italienischen Wirtschaft gründet sich auf die Fertigkeiten, die harte Arbeit und den Tatendrang der kleinen bis mittelgroßen Unternehmen im Norden.**

Der Erfolg der italienischen Wirtschaft gründet sich auf die Fertigkeiten, die harte Arbeit und den Tatendrang der kleinen bis mittelgroßen Unternehmen im Norden, die einen großen Anteil an dem im ganzen Land erzielten Bruttosozialprodukt haben. Es sind überwiegend Familienbetriebe, die so organisiert sind, dass sie nur ein Minimum an Steuern und Versicherungsabgaben entrichten müssen. Italien ist das vielleicht einzige Land der Welt, in dem es scheint, als würden Arbeitnehmer mehr verdienen als ihre Arbeitgeber, jedenfalls wenn man ihre Steuererklärungen betrachtet. Ähnlich liegt der Fall bei vielen Selbstständigen, seien es Steuerberater, Goldschmiede, Zahnärzte oder Anwälte, die sich nicht scheuen, Einnahmen zu deklarieren, die

> **» Italien ist das vielleicht einzige Land der Welt, in dem es scheint, als würden Arbeitnehmer mehr verdienen als ihre Arbeitgeber, jedenfalls wenn man ihre Steuererklärungen betrachtet.**

am Rande des Existenzminimums liegen, gleichzeitig aber zwei oder mehr Häuser, ein Rennpferd und drei Segeljachten besitzen.

Berufsleben

Alle italienischen Mütter träumen davon, dass ihre Kinder, insbesondere die Söhne, das erreichen, was *lo star bene* genannt wird – ein Zustand körperlichen und seelischen Wohlbefindens bei der Arbeit. Normalerweise beinhaltet das, einen *lavoro fisso* (einen festen Job) im klimatisierten Büro einer Regierungsbehörde, einer staatlichen Bank oder eines Staatsunternehmens zu finden und dort hinter einem großen Schreibtisch eine gute Figur zu machen. Wenn sie auch nicht sonderlich gut bezahlt werden, so sind diese Posten mit 13 oder gar 14 Monatsgehältern und allen möglichen zusätzlichen Annehmlichkeiten verbunden, darunter eine nahezu hundertprozentige Arbeitsplatzsicherheit und die Möglichkeit, sich bei vollen Bezügen frühzeitig pensionieren zu lassen. Außerdem, und das ist überhaupt das Beste, ist diese Arbeit für gewöhnlich so anspruchslos, dass man seine Energien weitgehend auf den Familienbetrieb konzentrieren kann oder eben auf das, was einen wirklich interessiert: Fußball gucken, Briefmarken sammeln oder einfach dasitzen, Kaffee schlürfen und Comics lesen. Ein Jammer, dass an diese *lavoro fisso* immer schwerer ranzukommen ist, da das italienische System sich allmählich an die Arbeitsgebräuche in anderen Teilen der Europäischen Union anpasst, was aber nichts daran ändert, dass ein solcher Job nach wie vor das bevorzugte Karriereziel der meisten jungen Italiener und, selbstverständlich, ihrer Mütter darstellt.

》》 Stil und Verhalten sind wichtig und sowohl die Geschäftsführung als auch die Büromitarbeiter sollten sich natürlich ihrer Rolle entsprechend benehmen.

Der Alltag im italienischen Durchschnittsbüro ähnelt dem italienischen Leben im Allgemeinen: Stil und Verhalten sind wichtig und sowohl die Geschäftsführung als auch die Büromitarbeiter sollten sich natürlich ihrer Rolle entsprechend benehmen. Seit Einführung der Stechuhren nimmt man es mit der Pünktlichkeit etwas genauer. Im Privatsektor können die Bürozeiten recht lang sein (von 8:00 bis 19:30 Uhr mit nur einer halben Stunde Mittagspause), während es im öffentlichen Sektor ganz anders zugeht: Die Sprechzeiten mancher Ämter beschränken sich auf zwei Stunden pro Woche, andere öffnen gar nicht.

Viele der gesetzlichen Feiertage, die sich Italien gegönnt hat, sind den EU-Bestimmungen zum Opfer gefallen, daher hat die Praxis der *ponti* (Brückentage zwischen einem Feiertag und dem Wochenende einzubauen) zusehends an Bedeutung gewonnen. Urlaube werden von langer Hand geplant, damit man sich die Feiertage zunutze machen kann. Hier liegt der Grund dafür, dass Streiks in Italien meistens an Montagen oder Freitagen stattfinden.

Wenn gestreikt wird, zeigt sich beispielhaft, was Leidenschaft, Geduld und Einfallsreichtum der Italiener zu leisten vermögen. Die *autostrada* und alle Bahnstrecken werden besetzt, der Müll nicht abgeholt und Hungerstreiks verkündet, bis der Punkt erreicht ist, an dem das Land am Rande des totalen Chaos zu stehen scheint, und genau dann, wenn bereits alles verloren scheint, wird doch noch ein unerwarteter Kompromiss erzielt. Jede Seite erklärt sich zum Sieger, niemand hat vor der Öffentlichkeit das Gesicht verloren, die Lage pendelt sich bald wieder auf den Normalzustand ein. Und alle hatten ihren Spaß.

> **» Wenn gestreikt wird, zeigt sich beispielhaft, was Leidenschaft, Geduld und Einfallsreichtum der Italiener zu leisten vermögen.**

Wie immer triumphiert die besondere Fähigkeit, „sich zu arrangieren". Als das Orchester der Scala ausgerechnet am Eröffnungsabend der Spielzeit 1995 in den Streik trat, ließ der Dirigent einen Flügel auf die Bühne bringen und führte, unterstützt von den Solisten, das gesamte Konzert ohne Orchester auf. Anschließend wollte der Beifall kein Ende nehmen.

Vetternwirtschaft

Im italienischen Geschäftsleben läuft nichts ohne Protektion, ohne gegenseitige Begünstigung und Einflussnahme, sprich: ohne *raccomandazione*. Schlimmstenfalls drückt sich das in einer Cliquenwirtschaft aus, die jede gedeihliche Entwicklung unterdrückt, bestenfalls in einem Netzwerk von Beziehungen, das unverzichtbar ist in einem Land, in dem der Schein, was tatsächliche Qualifikationen angeht, nur allzu oft trügt.

Um das Problem der *raccomandazione* einzudämmen und sicherzustellen, dass bei der Stellenvergabe im öffentlichen Sektor alles mit rechten Dingen zugeht, veranstalten die Behörden Job-Wettbewerbe: Die Stelle wird ausgeschrieben und alle

》Im italienischen Geschäftsleben läuft nichts ohne Protektion.

Kandidaten, die sich melden, legen eine Prüfung ab, um den am besten geeigneten Bewerber zu ermitteln. Sofern es nicht allzu viele Kandidaten gibt, funktioniert dieses Verfahren recht gut, doch als sich in der Lombardei 14.000 Personen für einige freie Stellen als Müllwerker bewarben, sah sich *le autorità* einer echten Herausforderung gegenüber, der sie sich aber unverzagt stellte, indem sie für einen Tag einfach das örtliche Fußballstadion übernahm und haufenweise Tische und Stühle herbeischaffen ließ.

Es ist egal, dass die „empfohlenen" Kandidaten vermutlich vorher über die Prüfungsfragen informiert wurden und die große Mehrheit der Bewerber nach Kräften schummelt, entscheidend ist, dass der Anschein von Gerechtigkeit hochgehalten wird.

Raccomandazione steht in engem Zusammenhang mit dem politischen System der Ämterpatronage, der Vergabe von Posten an Parteigänger. Zu den Mitgliedern von Silvio Berlusconis Kabinett 2008 gehörten sein Steueranwalt Giulio Tremonti (Wirtschaftsminister), Franco Frattini, der Skilehrer seiner Kinder (Außenminister), und Mara Carfagna, ein Showgirl aus einem seiner Fernsehsender (Gleichstellungsbeauftragte).

Systeme

Bildung

Verglichen mit dem Bildungswesen anderer Länder, scheinen die Italiener das Pferd von der falschen Seite aufzuzäumen. Im Land von Maria Montessori sind die Vorschulen wahrscheinlich das Beste am ganzen System, danach scheint es von den Grund-, Mittel- und höheren Schulen bis hin zum leicht chaotischen Universitätswesen schrittweise bergab zu gehen.

>> **Kleine Kinder verbringen fast den ganzen Tag in der Schule, aber sobald sie älter werden, dürfen sie schon mittags nach Hause gehen.**

Kleine Kinder verbringen fast den ganzen Tag in der Schule, aber sobald sie älter werden, dürfen sie schon mittags nach Hause gehen. Die höheren Schulen sind stark spezialisiert, die Schüler wählen, je nach Neigung, aus einer Vielzahl von klassisch-musischen, naturwissenschaftlichen und technischen Fächern ihren Lernschwerpunkt.

An einer italienischen Universität zugelassen zu werden, ist vergleichsweise unkompliziert, und da es nur in wenigen Fachbereichen Zugangsbeschränkungen gibt, schreiben sich jede Menge Studenten ein. So ist die Universität Rom beispielsweise die größte in der Europäischen Union. Folglich sind die Vorlesungen und Seminare hoffnungslos überfüllt und die Räumlichkeiten unzureichend. Darin, dass nur ein knappes Viertel derjenigen, die sich immatrikuliert haben, tatsächlich einen Abschluss erreicht, kommt das Problem deutlich zum Ausdruck. Und was die Absolventen betrifft, so hat in den vergangenen Jahren eine so große Zahl von ihnen Arbeit im Ausland gefunden – oft in der Forschung –, dass sich das Parlament genötigt sah, Maßnahmen zu diskutieren, die geeignet wären, diese *fuga dei talenti* („Braindrain“ – Abwanderung der Intelligenz) zu stoppen und den jungen Forschern Anreize zu bieten, nach Italien zurückzukehren.

» Trotz aller Eigenwilligkeiten des Systems – oder vielleicht gerade deswegen – sind viele Italiener gebildet.

Trotz aller Eigenwilligkeiten des Systems – oder vielleicht gerade deswegen – sind viele Italiener gebildet. Sie studieren mit Feuereifer und brüten Stunden/Wochen/Monate über ihren Büchern, den Textmarker immer griffbereit, um die Kernsätze und Konzepte auswendig zu lernen. In der mündlichen Prüfung, *la interrogazione,* kauen sie das Gelernte dann wieder. Kritische Bemerkungen von Studenten werden nicht gern gesehen. Den größten Prüfungserfolg verspricht der Ansatz, sich die Ansichten und Urteile des Professors zu eigen zu machen – ein Überbleibsel aus der Zeit der Gegenreformation, als die falsche Antwort den Betroffenen schnurstracks auf den Scheiterhaufen führen konnte.

Prüfungen können beliebig oft wiederholt werden und manch ein Student lehnt es ab, eine Benotung anzunehmen, die er für nicht gut genug hält. Da die einzige Bedingung für den Verbleib an der Universität darin besteht, die jährlichen Gebühren zu entrichten, setzen etliche Studenten ihre Studien bis ins mittlere Alter fort. Das Konzept des „lebenslangen Lernens" ist für Italiener ganz und gar nichts Neues.

Prüfungen finden überwiegend mündlich statt, vielleicht weil das Mogeln in schriftlichen Prüfungen so weit verbreitet ist. Da jeder den Verdacht hat, die

》 Die einzige Bedingung für den Verbleib an der Universität besteht darin, die jährlichen Gebühren zu entrichten.

Mitbewerber würden bei der Prüfung schummeln, fühlt er sich berechtigt, ja geradezu verpflichtet, es auch zu tun. Das Mogeln an sich gilt kaum als ehrenrührig, sich dabei erwischen zu lassen dagegen schon.

Verkehrsnetz

Trotz des oft schwierigen Geländes und der dicht bevölkerten Städte ist das öffentliche Verkehrssystem im Allgemeinen schnell und effektiv. Die italienischen *autostradas* und das Eisenbahnnetz, die unter Bergen hindurch- und über Flusstäler hinwegführen, um die verschiedenen Landesteile miteinander zu verbinden, gehören zu den eindrucksvollsten Zeugnissen technischer Planung und Durchführung in Europa.

Die Züge kommen meistens pünktlich, obwohl kein autoritäres Regime darüber wacht. Eine der erfolgreicheren Maßnahmen des Diktators Mussolini – und vielleicht die einzige, die allgemein im Gedächtnis geblieben ist – bestand darin, alle Welt davon zu überzeugen, dass seine Regierung die Leistungsfähigkeit der öffentlichen Verkehrsmittel gesteigert habe. Wie kaum anders zu erwarten, hat die Geschichtsforschung jedoch inzwischen nachgewiesen, dass er damit wenig bis gar nichts zu tun hatte, denn die Bahn hielt sich in der Zeit des Faschismus keinen Deut strenger an den Fahrplan als davor oder danach.

Verbrechen & Strafe

Einzeln ist jeder Italiener vollkommen, aber jeder Italiener weiß auch, dass *gli altri* unvollkommen sind. Daher geht das italienische Strafrecht von der Prämisse aus, dass man schuldig ist, solange die Unschuld nicht erwiesen wurde.

>> **Das italienische Strafrecht geht von der Prämisse aus, dass man schuldig ist, solange die Unschuld nicht erwiesen wurde.**

Dennoch machen italienische Kriminelle sich recht wenig Sorgen, denn die Gefahr, gefasst zu werden, ist sehr gering. Bei 83 % aller begangenen Verbrechen sind die Täter bislang nicht ermittelt, für Diebstahl liegt die Quote bei 97 %, für Totschlag bei 64 %, für Raub bei 86 % und für Entführung bei 72 %. Wird doch einmal jemand gefasst, erwartet ihn eine Geld- oder eine Gefängnisstrafe, mitunter auch beides. Auch wenn die italienischen Gefängnisse überfüllt und bestimmt kein sonderlich angenehmer Aufenthaltsort sind, bieten sie doch jedenfalls mehr Komfort als ihre nordeuropäischen oder US-amerikanischen Gegenstücke. Dem Vernehmen nach genießen verurteilte Mafiabosse sogar ausgesprochen behagliche Haftbedingungen, was in der Öffentlichkeit dann regelmäßig beklagt wird.

>> **Dem Vernehmen nach genießen verurteilte Mafiabosse sogar ausgesprochen behagliche Haftbedingungen, was in der Öffentlichkeit regelmäßig beklagt wird.**

Als Betrüger sind die Italiener wahre Naturtalente. Sie sind geschickte Kopisten und Fälscher und lange haben sie den internationalen (illegalen) Kunsthandel dominiert. Die Tatsache, dass es keine Garantie für die Echtheit oder Legitimität eines Werkes gibt, dass es also jederzeit gestohlen oder von einem Könner gefälscht sein kann, trägt nur zum Reiz des Gewerbes bei. Ob der Käufer nach einer altrömischen Vase oder einer Skulptur von Modigliani sucht, in der illegalen Kunstwelt Italiens wird er fündig werden.

Was die Korruption angeht, haben italienische Politiker selbst dazu beigetragen, Maßstäbe zu setzen, indem sie die Vergabe von Staatsaufträgen gegen riesige Bestechungssummen manipulierten. Die Italiener haben davor bereitwillig die Augen verschlossen – bis die amtierende Regierung auf frischer Tat ertappt wurde. Galt sie bis dahin noch als *furbo* (raffiniert, schlau), war sie jetzt im Handumdrehen *fesso* (bescheuert, dumm).

Die Polizei

In Italien gibt es für jeden Anlass eine andere Polizei. Es gibt die nationale Polizei, die Ortspolizei, die Verkehrspolizei, die Militärpolizei, die Finanzpolizei, die Bahnpolizei, die Geheimpolizei, Privatpolizeien und so weiter.

Die *carabinieri* sind die Polizeikräfte, die am sichtbarsten in Erscheinung treten. Tatsächlich erledigen sie neben dem Polizeidienst auch militärische Aufgaben. Obwohl es extrem schwer ist, in ihre Reihen aufgenommen zu werden und ihre Offiziere als die besten der italienischen Streitkräfte gelten, sind sie nicht gerade für überragende Intelligenz bekannt. Folglich dienen sie als Zielscheibe etlicher Witze. Zum Beispiel fragte jemand inmitten einer lebhaften Unterhaltung in der Bahn: „Übrigens, kennen Sie schon den neuesten Carabinieri-Witz?" Ein älterer Herr, der ihm gegenübersaß, erstarrte merklich und sagte: „Bevor Sie fortfahren, sollte ich Sie darauf aufmerksam machen, dass ich selbst ein pensionierter General der Carabinieri bin." Darauf der andere: „Keine Sorge, Signore, wir werden Ihnen die Pointe hinterher erklären."

>> **Italien verfügt über ein praktisch lückenloses System wunderbarer Gesetze zum Schutz vor jeder Art von Ungerechtigkeit.**

Das Gesetz

Italiens Rechtstradition ist beeindruckend und das Land verfügt über ein praktisch lückenloses System wunderbarer Gesetze zum Schutz vor jeder Art von Ungerechtigkeit, Ungleichheit und Korruption. Auf dem Papier scheint die italienische Rechtsordnung mit ihren Zivil- und Strafgesetzbüchern mehr oder weniger perfekt.

Die Probleme beginnen mit dem Gesetzesvollzug. Italiens Gesetze könnten tatsächlich perfekt sein, wenn nur die Italiener nicht wären – die den meisten Gesetzen wenig Beachtung schenken. Obwohl beispielsweise eine allgemeine Anschnallpflicht besteht, legen bei weitem nicht alle Fahrer ihre Gurte an (vor allem nicht im Süden, wo nach der Einführung des Anschnallzwangs T-Shirts mit aufgedrucktem Sicherheitsgurt zu einem heißbegehrten Handelsartikel wurden). In geschlossenen Ortschaften, in denen eine Geschwindigkeitsbegrenzung von 50 km/h gilt, ist der Gebrauch der Autohupe

> **❯❯ Italiens Gesetze könnten tatsächlich perfekt sein, wenn nur die Italiener nicht wären.**

offiziell untersagt, doch werden diese Vorschriften im Großen und Ganzen nicht beachtet, weder von den Autofahrern noch von der Polizei, die allenfalls sporadisch Kontrollen durchführt und zwar mit Vorliebe dann, wenn ihnen ein Fahrzeug mit auswärtigem oder gar ausländischem Kennzeichen ins Auge fällt.

Wegen der Schwierigkeiten, die die italienische Regierung damit hat, die Steuern einzutreiben, wurde eine Reihe von Gesetzen geschaffen, die sicherstellen sollen, dass den Vorschriften Folge geleistet wird. So durften etwa bis vor Kurzem die im Restaurant oder einer Bar ausgestellten Quittungen als Beleg für die bezahlte Rechnung frühestens in 50 Meter Entfernung vom Ort des Geschehens entsorgt werden.

Sprache

Bis zum Ende des Zweiten Weltkriegs war das Italienische nicht sehr weit verbreitet. Es war im Wesentlichen eine geschriebene Sprache, überwiegend gebraucht von Beamten, Bürokraten, einer kleinen Akademikerkaste und den Mitgliedern der herrschenden Klasse. Das übrige Italien sprach seine regionalen Dialekte. Erst das Fernsehen erwies sich als treibende Kraft, das Italienische, wie wir es heute kennen, bis in die hintersten Winkel des Landes zu tragen. Heutzutage verstehen die meisten Italiener die Sprache und alle jungen Italiener sprechen sie.

> **Die Schönheit der Sprache zeigt sich unter anderem in der Leichtigkeit, mit der neue Bedeutungen, Größenordnungen oder Wertungen entstehen können.**

Die Schönheit der Sprache zeigt sich unter anderem in der Leichtigkeit, mit der neue Bedeutungen, Größenordnungen oder Wertungen entstehen können, einfach indem man die Endung eines Nomens oder Adjektivs verändert. So kann ein Schuh *(scarpa)* zu einem Ski- oder Wanderstiefel *(scarpone)* oder auch zu Aschenputtels Pantoffel *(scarpina)* werden; und wer sein Croissant in den Kaffee tunkt, macht eine *scarpetta* („einen kleinen Schuh füllen").

Aus einer Liebe *(amore)* kann ein Liebchen *(amoroso)*, eine Putte *(amorino)* oder eine Geliebte *(amante)* werden. Hört ein italienischer Mann von einer *bella donna,* einer schönen Frau, wird er sich vielleicht fragen, ob sie tatsächlich *bellissima* (umwerfend) ist oder doch nur *bellina* (recht hübsch);

sie könnte auch eine *bellona* sein (hat ihre Glanzzeit hinter sich, macht aber das Beste draus) oder unter Umständen ist sie *bellocia* (ganz passabel). Und ist sie umsonst zu haben *(donnetta)* oder gibt es Liebe nur gegen Geld *(donnaccia)*? Um es herauszufinden, bleibt dem Latin Lover nichts anderes übrig, als die Probe aufs Exempel zu machen, es sei denn, er ist ein *donnicciola* – einer, der sich nicht traut.

Das Italienische hat der Welt eine gewaltige Zahl an musikalischen Begriffen vermacht: *pianoforte, sonata, aria, primadonna, concerto, adagio, pizzicato, pianissimo, soprano, maestro, virtuoso* und *castrato*. Und Restaurants weltweit haben *pasta, pizza, mozzarella, zabaglione, grissini, cappuccino, amaretto* und *sambuca* auf ihrer Speisekarte.

> **》 Weltweit haben Restaurants pasta, pizza, mozzarella, zabaglione, grissini, cappuccino, amaretto und sambuca auf der Speisekarte.**

Ihrerseits haben die Italiener mit einiger Begeisterung angloamerikanische Ausdrücke übernommen und manchmal angepasst – *lifting* (Facelift), *telemarketing, cliccare sul mouse* (Mausklick), *lo zapping* (das Zappen). Sie verwenden auch englische Wörter, die der Muttersprachler kaum wiedererkennt: Zum Beispiel bezeichnen italienische Fußballstars ihren Trainer durchweg als „*il Mister*". Und schließlich werden sogar neue englische Ausdrücke erfunden und mitunter mit erstaunlichem Erfolg zurückexportiert, so etwa der „*body*" (als Kleidungsstück), der mittlerweile auch im englischsprachigen Raum die ursprüngliche Vokabel „*leotard*" zu ersetzen droht.

Dialekte

Zu Hause in ihren Herkunftsdörfern sprechen die Italiener den ortsüblichen Dialekt, der für *gli altri* in den übrigen Regionen praktisch nicht zu verstehen ist.

Eine Studie ergab, dass von den 28 Minderheitensprachgemeinschaften in der EU sich allein 13 in Italien befinden. Es gibt französischsprachige Italiener im Aostatal, deutschsprachige in Südtirol, slowenisch- und serbokroatischsprachige in Triest und albanisch- und griechischsprachige in Apulien, während es auf Sardinien katalanischsprachige Italiener gibt.

>> **Noch immer gibt es zahlreiche Italiener, die Dialekt sprechen und auch eine ganze Reihe, deren einzige Sprache ihr Dialekt ist.**

Mit dem Zustrom der Einwanderer jedoch verändert sich der Sprachatlas des Landes noch einmal deutlich. Fragebogen für eine Volkszählung werden inzwischen mit einer Anleitung ausgegeben, die in zahlreichen Sprachen verfasst ist, darunter Arabisch und Russisch.

Aber auch die „inländischen" Dialekte unterscheiden sich in Grammatik und Wortschatz sehr vom Hochitalienischen. Noch immer gibt es zahlreiche Italiener, die Dialekt sprechen und auch eine ganze Reihe, deren einzige Sprache ihr Dialekt ist. Die folgende Geschichte erscheint daher durchaus glaubwürdig: Ein Mann, der aus der südlichen Region Apulien stammt, aber seit 20 Jahren in der nördlichen Region Piemont lebt, hat einen piemontesischen Nachbarn, der ihn jeden Tag grüßt, wenn er aus dem Haus geht. Der Apulier spricht italienisch und der Piemonteser versteht ihn auch, aber da Letzterer nicht gern italienisch spricht und der Apulier keinen Wert darauf legt, Piemontesisch zu lernen, verläuft ihre Unterhaltung seit Jahrzehnten in den immer gleichen, ausgesprochen einseitigen Bahnen.

Der Autor

In England aufgewachsen, verliebte **Martin Solly** sich als Student in Italien, wo er mit seinen *amici* in einem wunderbaren Bauernhaus mit Swimmingpool wohnte. Die roterdige Landschaft der Toskana, die Renaissancekultur, der Chianti und die *tortellini* und *zucchini,* die ihm das Wasser im Mund zusammenlaufen ließen, überzeugten ihn davon, dass Italien als Land des Genusses allen anderen voraus ist.

Nachdem er auf Bauernhöfen, in Bars, Restaurants, Buchhandlungen und Schulen gejobbt hatte, ließ er sich im Piemont nieder, mit der Absicht, seine Kenntnisse der italienischen Lebensart zu vertiefen. Dass er sich dabei in eine Einheimische verlieben würde, war nicht unbedingt vorgesehen, aber unter krasser Missachtung des alten italienischen Sprichworts *Moglie e buoi dei paesi tuoi* („Frau und Ochsen such dir in deinem eigenen Dorf") heiratete er sie einfach und blieb im Land.

Immer noch glücklich und zufrieden in der neuen Heimat und mittlerweile Autor zahlreicher Bücher zum Thema Linguistik und englische Sprache, hat Solly es sich nie abgewöhnen können, nach der Warteschlange Ausschau zu halten. Dagegen bekennt er sich rückhaltlos zu einer ausgeprägten Vorliebe für den Alfa Romeo und dazu, niemals andere als italienische Krawatten zu tragen.

Was mir noch aufgefallen ist ...

Die Italiener ...

Poste ein Bild von diesen Seiten auf Instagram unter #fremdenversteher #reiseknowhow oder auf Facebook/Reise Know-How oder schick uns eine Mail an fremdenversteher@reise-know-how.de

Außerdem von Reise Know-How:

Außer den Fremdenverstehern gibt es von Reise Know-How viele Bücher rund ums Reisen und für die weite Welt.

Reiseführer

Mehr wissen, mehr sehen, mehr erleben: Die kompletten Reisehandbücher für fast alle touristisch interessanten Länder und Gebiete. Seit 35 Jahren Antworten auf alle praktischen Fragen von A bis Z, dazu Hintergründe, Geschichte und Geschichten.

CityTrip

Die handlichen, praktischen Stadtführer mit Faltplan und Web-App für den individuellen Kurztrip. Erhältlich für alle Metropolen und die schönsten Reiseziele, aber auch für viele kleinere Städte, die es noch zu entdecken gilt.

Kauderwelsch-Sprachführer

Die Kauderwelsch-Familie umfasst neben dem handlichen Sprachführer auch den dazu passenden AusspracheTrainer (mp3-Download oder Audio-CD). Kauderwelsch-Sprachführer bieten mehr als ein reines Phrasenbuch: Die knappe Einführung in die Grammatik, die Wort-für-Wort-Übersetzungen und das Wörterverzeichnis helfen, sich schnell in der neuen Sprache zu orientieren und sie bald selbst anzuwenden. Auch gut für Auffrischer.

KulturSchock

Die Bände in der Reihe KulturSchock sind so etwas wie die großen Brüder der Fremdenversteher. Sie stellen fundiert Hintergründe dar, erklären Verhaltensweisen und bieten Orientierungshilfe im Reisealltag. Insbesondere für alle empfohlen, die sich beruflich, als Reisende oder wegen familiärer Verbindungen länger in einem anderen Land aufhalten.

... und vieles mehr auf
www.reise-know-how.de

„Die Franzosen mögen es, wenn sich die Regierung in ihr Leben einmischt. [...] der Staat ist Frankreich (wie Kochen, Wein, Frauen, das Landleben, Paris, Kultur, Kinder, Freiheit-Gleichheit-Brüderlichkeit und ihr angeborenes Recht, auf dem Zebrastreifen zu parken)."

„Die meisten Nationen betrachten die Niederländer als organisiert und effizient – ähnlich den Deutschen, nur nicht so beeindruckend. [...] Die Bäume in der Landschaft sind in Linien gepflanzt und die schwarz-weißen Kühe sind in ordentlichen kleinen Gruppen arrangiert."

„Japaner sind von Haus aus gesellig – Individualität und Egoismus sind genauso willkommen wie ein Sumoringer, der sich am Büffet vordrängelt. [...] In Japan möchte sich jeder von allen anderen unterscheiden und zwar auf genau die gleiche Art."

„Die Engländer sind stolz auf ihren Sinn für *fair play* und nehmen an, dass dieser auch von allen anderen anerkannt und bewundert wird. […] Wenn also ein Engländer sein Wort bricht, sollten die Ausländer gefälligst verstehen, dass es einen zwingenden Grund dafür gibt."

„Aus schwedischer Perspektive sind die Unterschiede zwischen den nordischen Ländern gravierend. Dänemark ist horizontal, Norwegen ist vertikal, Island schmilzt weg, Finnland ist ein Labyrinth und Schweden ist atemberaubend idyllisch."

„Die USA sind ein Land, in dem sich einst Abenteurer, religiöse Fanatiker und Außenseiter niederließen (eine demographische Mischung, die sich in den letzten 400 Jahren kaum geändert hat)."

In der Reihe „Die Fremdenversteher" sind bisher erhältlich:

So sind sie, die Amerikaner	ISBN 978-3-8317-2870-1
So sind sie, die Engländer	ISBN 978-3-8317-2872-5
So sind sie, die Franzosen	ISBN 978-3-8317-2873-2
So sind sie, die Isländer	ISBN 978-3-8317-2875-6
So sind sie, die Italiener	ISBN 978-3-8317-2876-3
So sind sie, die Japaner	ISBN 978-3-8317-2877-0
So sind sie, die Niederländer	ISBN 978-3-8317-2874-9
So sind sie, die Österreicher	ISBN 978-3-8317-2878-7
So sind sie, die Polen	ISBN 978-3-8317-2879-4
So sind sie, die Schweden	ISBN 978-3-8317-2880-0

Alle Titel haben 108 Seiten und kosten 8,90 € (in Deutschland). Außerdem sind alle Titel auch als E-Book verfügbar, jeweils in den Formaten epub und mobi (für Amazon kindle).